T0210089

essentials

essentials liefern aktuelles Wissen in konzentrierter Form. Die Essenz dessen, worauf es als „State-of-the-Art" in der gegenwärtigen Fachdiskussion oder in der Praxis ankommt. *essentials* informieren schnell, unkompliziert und verständlich

- als Einführung in ein aktuelles Thema aus Ihrem Fachgebiet
- als Einstieg in ein für Sie noch unbekanntes Themenfeld
- als Einblick, um zum Thema mitreden zu können

Die Bücher in elektronischer und gedruckter Form bringen das Expertenwissen von Springer-Fachautoren kompakt zur Darstellung. Sie sind besonders für die Nutzung als eBook auf Tablet-PCs, eBook-Readern und Smartphones geeignet. *essentials:* Wissensbausteine aus den Wirtschafts-, Sozial- und Geisteswissenschaften, aus Technik und Naturwissenschaften sowie aus Medizin, Psychologie und Gesundheitsberufen. Von renommierten Autoren aller Springer-Verlagsmarken.

Weitere Bände in dieser Reihe http://www.springer.com/series/13088

Martin Boden

Das Urheberrecht im Bauwesen

Schnelleinstieg für Architekten und Bauingenieure

 Springer Vieweg

Martin Boden
BODEN | RECHTSANWÄLTE
Düsseldorf, Deutschland

ISSN 2197-6708   ISSN 2197-6716   (electronic)
essentials
ISBN 978-3-658-16638-0   ISBN 978-3-658-16639-7   (eBook)
DOI 10.1007/978-3-658-16639-7

Die Deutsche Nationalbibliothek verzeichnet diese Publikation in der Deutschen Nationalbiblio-
grafie; detaillierte bibliografische Daten sind im Internet über http://dnb.d-nb.de abrufbar.

Springer Vieweg
© Springer Fachmedien Wiesbaden GmbH 2017

Gedruckt auf säurefreiem und chlorfrei gebleichtem Papier

Springer Vieweg ist Teil von Springer Nature
Die eingetragene Gesellschaft ist Springer Fachmedien Wiesbaden GmbH
Die Anschrift der Gesellschaft ist: Abraham-Lincoln-Str. 46, 65189 Wiesbaden, Germany

Was Sie in diesem *essential* finden können

- Der Urheber und Werke der Baukunst
- Schutz von Planungsunterlagen
- Vertragliche Gestaltung von Urheberrechten
- Urheberrechte bei Änderungen und Umbaumaßnahmen
- Die Durchsetzung urheberrechtlicher Ansprüche
- Urheberrechte im Planungswettbewerb

Vorwort

Architektur begegnet dem Menschen täglich, sei es das Bürogebäude, in dem er arbeitet, der futuristische Museumsbau oder auch die fantasievolle Inneneinrichtung eines Restaurants. Der Laie wird oft nicht nachvollziehen können, wie viel kreative und planerische Leistung sich in den einzelnen Bauten verbirgt. Doch ist nicht jede planerische Kreativleistung gleichzeitig ein Werk im Sinne des Urheberrechts. Und bei Umbauten der von ihnen entworfenen Gebäude müssen Planer im Verhältnis zum Eigentümer auch so manche bittere Pille schlucken.

Das Wissen um den Schutz ihres geistigen Eigentums ist daher für alle planerisch und kreativ Tätigen der Baubranche essenziell. Das vorliegende Werk soll Architekten wie auch Ingenieuren als praktischer und verständlicher Ratgeber dienen. Es verschafft einen Überblick über die wesentlichen urheberrechtlichen Fragestellungen und sensibilisiert für die typischen Problemkreise.

Düsseldorf, Deutschland   Martin Boden

Inhaltsverzeichnis

Einleitung 1

„Vor Gericht und auf hoher See sind Sie in Gottes Hand." Dieser abgedroschene Spruch, der gerne von Anwälten zitiert wird, um auf allgemeine Risiken eines Gerichtsverfahrens hinzuweisen, hat leider auch in urheberrechtlichen Fragen des Bauwesens seine Berechtigung. Denn die Beurteilung, ob ein Gebäude nun ein Werk der Baukunst oder eine rein technisch funktionale Umsetzung zweckgebundener Vorgaben ist, hängt oft von Nuancen ab. Dies werden Gerichte oft im eigenen Ermessen beurteilen, sodass subjektive Betrachtungen eine maßgebliche Rolle spielen und den Ausgang eines Verfahrens im Vornhinein tatsächlich nicht mit absoluter Gewissheit voraussagen lassen. In den allermeisten Fällen, nämlich der Planung und Errichtung gewöhnlicher Wohn-/Geschäftshäuser oder auch von Industriegebäuden, wird ein Urheberrechtsschutz selten greifen. Architekten und Ingenieure sollten ihre Erwartungen an den Urheberrechtsschutz und den sich daraus ergebenden Verbots- wie auch Gestaltungsmöglichkeiten nicht zu hoch schrauben.

Dieses *essential* möchte vermitteln, was es bedeutet, Urheber zu sein und wann von einem Werk der Baukunst gesprochen werden kann. Zudem soll der Unterschied zwischen Entwürfen eines Bauwerks und technischen Planungsunterlagen verdeutlicht werden, bevor auf die vertraglichen Gestaltungsmöglichkeiten eingegangen wird. Einen Schwerpunkt bildet die Darstellung der Urheberrechte bei Änderungen und Umbaumaßnahmen. Weiter wird erörtert, wie sich die Rechte in der Praxis durchsetzen lassen. Zu guter Letzt werden die Urheberrechte im Planungswettbewerb skizziert.

© Springer Fachmedien Wiesbaden GmbH 2017
M. Boden, *Das Urheberrecht im Bauwesen,* essentials,
DOI 10.1007/978-3-658-16639-7_1

1

Der Urheber und Werke der Baukunst 2

Das seit dem 01. September 1965 geltende Urheberrechtsgesetz (UrhG) ist die Grundlage für die Rechte der Urheber und verwandten Leistungsschutzrechte, dazu zählen z. B. die Rechte der ausübenden Künstler, in Deutschland.

2.1 Der Urheber

Nach § 7 des UrhG ist der Urheber Schöpfer des Werks. Daraus folgt, dass der Urheber im deutschen Recht immer nur ein Mensch und nicht etwa ein Unternehmen oder gar eine Maschine sein kann (Löwenheim, § 4, Rn. 3).

Anders wird dies etwa im amerikanischen Copyright gehandhabt. Dort gilt als Urheber nicht immer die Person, die das Werk geschaffen hat. Vielmehr werden nach der „work for hire Doktrin" der Arbeitgeber – gleich ob eine Person oder juristische Gesellschaft – wie auch in bestimmten gesetzlichen Fällen ein Auftraggeber als der Urheber eines Werkes angesehen, das ein Arbeitnehmer im Arbeitsverhältnis oder ein Auftragnehmer in Erfüllung eines Vertrags geschaffen hat (vgl. Ginsburg: GRUR Int 1991, 596).

2.1.1 Urheberpersönlichkeitsrechte

Eine Übertragung des Urheberrechts ist in Deutschland nicht möglich. Dies gilt auch für die Übertragung eines Miturheberanteils (Dreier/Schulze, § 8, Rn. 15). Verträge nach deutschem Recht, in denen Urheberrechte oder gar Copyrights veräußert werden sollen, sind unsinnig. Der Urheber bleibt vielmehr immer geistig mit seinem Werk verbunden, er kann Dritten lediglich Nutzungsrechte einräumen

© Springer Fachmedien Wiesbaden GmbH 2017
M. Boden, *Das Urheberrecht im Bauwesen,* essentials,
DOI 10.1007/978-3-658-16639-7_2

(s. Kap. 5). Das ist Ausdruck des Urheberpersönlichkeitsrechts, das eine enge und
unauflösliche Verbindung zwischen dem Schöpfer und seinem Werk begründet
(vgl. Wandtke/Bullinger, vor § 12 ff., Rn. 4). Den Kernbereich des Urheberpersönlichkeitsrechts bilden das Veröffentlichungsrecht (§ 12 UrhG), das Recht auf
Anerkennung der Urheberschaft (§ 13) und das Recht auf Schutz gegen Entstellung und Beeinträchtigung des Werkes (§ 14). Dazu zählt auch das nicht zu unter-
schätzende Zugangsrecht gemäß § 25 UrhG. Danach kann der Urheber verlangen,
dass er Zugang zu dem fertiggestellten Bau erhält, um Fotografien zur Dokumentation anzufertigen. Die Vorlage von Fotos ist oft die einzige Möglichkeit, mit der
ein Architekt einen urheberrechtswidrigen Zustand als Beweis sichern oder auch
eine ursprünglich geschützte Gestaltung im Falle späterer Umbaumaßnahmen
nachweisen kann.

Obwohl die Urheberpersönlichkeitsrechte an sich nicht übertragbar sind, kann
der Architekt oder Ingenieur diese vertraglich gestalten. So kann er etwa das ihm
zustehende Veröffentlichungsrecht auch dadurch ausüben, dass er es dem Bauherrn überlässt, wann dieser z. B. mit den Entwurfsplanungen für ein Bauwerk in
die Öffentlichkeit geht. Er kann auch darauf verzichten, als Urheber benannt zu
werden. Er kann sogar ein Recht auf Anonymität und Entfernung einer Plakette
vom Bauwerk einfordern, wenn er z. B. mit einer hinzunehmenden baulichen Veränderung nicht einverstanden ist.

2.1.2 Urheberbenennung

Nach § 13 UrhG hat der Urheber auch bei Gebäuden ein Recht auf Namens-
nennung Dies gilt uneingeschränkt und unabhängig vom Zweck des Gebäudes
(BGH, GRUR 1995, 672). Dagegen stehende Verkehrssitten oder Branchen-
üblichkeiten sind von dem zu beweisen, der sich darauf beruft. Bei der Ausgestaltung einer Plakette oder Gravur ist auf eine dezente und weniger auffällige
Anbringung zu achten, die nicht ins Reklamehafte ableiten darf (BGH, GRUR
1995, 673). (BGH, GRUR 1995, 672). Daher ist die Benennung auf den Namen
und die Funktion des Architekten zu beschränken. Um Streit im Nachhinein zu
vermeiden, sollte im Architektenvertrag nicht nur bestimmt werden, dass der
Architekt zu benennen, sondern auch wie und wo sein Name anzubringen ist
(Loewenheim, § 71, Rn. 79).

Die Urheberschaft wird gemäß § 10 UrhG bis zum Beweis des Gegenteils
zugunsten desjenigen vermutet, der, z. B. auf der Entwurfsplanung, als Urheber vermerkt ist. Allerdings gilt diese Vermutung dann auch nur für den Entwurf
und nicht automatisch auch für das Bauwerk, das unter Verwendung der Pläne

errichtet wurde (BGH, NJW 2003, 665). Die Vermutung greift, wenn an dem Bauwerk eine entsprechende Plakette angebracht ist. Erscheint sein Name nicht auf den Unterlagen, muss der Planer im Streitfall seine Urheber- oder auch Miturheberschaft beweisen.

2.1.3 Miturheber

Die Miturheberschaft setzt ein gemeinsames Schaffen voraus, bei dem jeder Urheber einen selbstständigen schöpferischen Beitrag leistet, der in das Gesamtwerk einfließt (BGH, NJW 2004, 668). Die jeweiligen Beiträge müssen so miteinander verwoben sein, dass eine gesonderte Verwertung der einzelnen Teile nicht mehr möglich ist (BGH, a. a. O.). Dies ist bei komplexen Bauvorhaben sicher immer dann gegeben, wenn die jeweiligen Teilentwürfe sich zu einem großen Ganzen zusammenfügen.

Derjenige, der z. B. als technischer Zeichner bloß die ihm gemachten Vorgaben umsetzt, ist als Gehilfe einzustufen und ebenso wenig Miturheber, wie derjenige, der bloße Anregungen gibt (BGH, a. a. O.) oder eine Idee ohne konkrete Ausgestaltung äußert (OLG Celle, ZUM-RD 2011, 339).

Sind mehrere Planer als Miturheber tätig geworden, bilden Sie eine Gesamthandsgemeinschaft. Das bedeutet, dass die Einwilligung Aller für die Veröffentlichung und die Verwertung einer Entwurfsplanung notwendig ist. Gleiches gilt für Änderungen an einem Plan oder auch eines bereits erstellten Gebäudes. Ein Einzelner darf jedoch seine Zustimmung nicht wider Treu und Glauben verweigern (§ 8 II S. 2 UrhG). Gegen Rechtsverletzungen durch Dritte darf jeder Miturheber alleine vorgehen, Leistung aber nur an Alle verlangen (§ 8 II S. 3 UrhG). Sobald also eine Geldforderung, sei es Schadensersatz oder eine Honorarforderung, durchgesetzt werden soll, kann auch der einzelne Architekt oder Ingenieur klagen, muss jedoch beantragen, dass das Geld an alle Urheber gemeinschaftlich zu zahlen ist (Dreier/Schulze, § 8, Rn. 21). Ansonsten kann er Unterlassungs- wie auch Beseitigungsansprüche allein im eigenen Namen geltend machen (OLG Düsseldorf, GRUR-RS 2016, 00254, Rn. 23). Das gilt auch für einen Auskunftsanspruch und die Klage auf Feststellung, dass ein Schadensersatzanspruch dem Grunde nach besteht (Dreier/Schulze, § 8, Rn. 21), da in diesen Fällen eben noch keine konkrete Leistung gefordert wird.

Wer welchen Anteil bekommt, richtet sich nach dem Umfang der jeweiligen Mitwirkung, solange nichts anderes vereinbart ist (§ 8 III UrhG). Im Zweifel steht jedem der gleiche Anteil zu (Dreier/Schulze, § 8, Rn. 24). Die Parteien sind frei, andere Verteilungen zu vereinbaren.

2.1.4   Urheber im Angestelltenverhältnis

Auch der angestellte Ingenieur oder Architekt bleibt in jedem Fall Urheber des von ihm im Rahmen des Arbeitsverhältnisses geschaffenen Werkes. Bei der Einräumung von Nutzungsrechten sind die allgemeinen Grundsätze des Urheberrechtsgesetzes anzuwenden (s. dazu Kap. 4), es sei denn die Parteien haben im Arbeitsvertrag etwas anderes geregelt (§ 43 UrhG). Ohne gesonderte Vereinbarung überträgt der Urheber seinem Arbeitgeber nur die Rechte, welche dieser für die betriebliche oder dienstliche Verwertung benötigt (Loewenheim, § 13, Rn. 2).

Fallbeispiel

Ein gutes Beispiel ist dafür der Fall eines Beamten. Er hatte als Angestellter des Landes Niedersachsen Lärmschutzwände gestaltet, die durch das Land Hessen nachgebaut wurden. Hessen konnte sich nicht auf eine Rechteeinräumung durch Niedersachsen berufen. Mangels Regelung im Arbeitsvertrag ist nur davon auszugehen, dass Niedersachsen die Nutzungsrechte für alle Autobahnabschnitte im Landesgebiet eingeräumt wurden. Diese Verwertung war durch das Dienstverhältnis und die dabei geleistete Tätigkeit geboten. Darüber hinausgehende Befugnisse, wie das Recht Dritten, hier das Land Hessen, Unterlizenzen einzuräumen, gehören nicht dazu. Der Beamte kann daher einen Schadensersatzanspruch gegenüber dem Land Hessen geltend machen (BGH, GRUR-Prax 2010, 557, Anm. Ulrici)

Urheberpersönlichkeitsrechte können durch das Arbeitsverhältnis eingeschränkt sein. So gilt das Veröffentlichungsrecht als mitübertragen, sonst würde dem Arbeitgeber auch das übertragene Nutzungsrecht gar nichts bringen (Dreier/Schulze, § 43, Rn. 35). Beim Namensnennungsrecht ergibt sich eine differenziertere Betrachtung. Der Urheber am Bau hat grundsätzlich das Recht, mit Namen genannt zu werden, kann jedoch vertraglich darauf verzichten (Wandtke/Bullinger, § 43, Rn. 90). Ein branchenüblicher stillschweigender Verzicht ist bei Werken der Baukunst abzulehnen (vgl. Schwab, NZA, 1259).

2.2   Bauwerke der Kunst und deren Entwürfe

2.2.1   Entstehung des Schutzes

§ 1 des Urhebergesetzes bestimmt, dass die Urheber von Werken der Literatur, Wissenschaft und Kunst für ihre Werke Schutz nach Maßgabe dieses Gesetzes genießen. In § 2 Abs. 1 UrhG erfolgt wiederum eine nicht abschließende Auflistung der Werkarten.

Die für Planer wichtigsten sind dabei gemäß § 2 I Nr. 4 Werke der Baukunst und ihre Entwürfe und die in § 2 Nr. 7 UrhG genannten Darstellungen wissenschaftlicher oder technischer Art (s. Kap. 3). Bei wissenschaftlichen Darstellungen wird das „WIE" der Darstellung geschützt. Entwürfe von Werken der Baukunst gelten jedoch als Vorstufe des Werks, weswegen es hier darauf ankommt, „WAS" sie wiedergeben. Der Nachbau des darin dargestellten Bauwerks kann daher eine Urheberrechtsverletzung begründen (Schulze, NZBau 2007, S. 539). Entscheidend für ihre Einordnung als Baukunst ist, dass in ihnen alle Eigenschaften, die für die praktische Verwertbarkeit des geplanten Bauvorhabens und seinen künstlerischen Wert von Bedeutung sind, zum Ausdruck kommen (BGHGRUR 1957, 391-Ledigenheim).

Anders als bei Marken, Designs oder Patenten erfolgt bei urheberrechtlichen Werken keine Registereintragung.

Maßgeblich für die Beurteilung der urheberrechtlichen Schutzfähigkeit ist der Zeitpunkt, in dem das Werk geschaffen wurde (Wandtke, § 2, Rn. 12). Ab diesem Moment genießt ein als urheberrechtlich schutzfähig eingestuftes Werk Schutz für die Lebensdauer seines Urhebers und weitere 70 Jahre nach dessen Tod (§ 64 UrhG). Häufig werden urheberrechtliche Ansprüche deswegen noch von den Erben verfolgt, was gerade bei Änderungsmaßnahmen eine Rolle spielt (s. Kap. 5).

Entscheidendes Kriterium ist, dass nur persönliche geistige Schöpfungen Werke im Sinne des Urhebergesetzes sein können (§ 2 Abs. 2 UrhG). Geschützt werden kann in jedem Fall nur das konkrete von einem menschlichen Urheber geschaffene Werk. Unproblematisch ist dabei die Nutzung technischer Hilfsmittel, wie etwa eines CAD-Programms, solange dabei der menschliche Wille zum Tragen kommt (Fromm/Nordemann, § 2 Rn. 25). Die Methode des Schaffens, der Stil oder die Technik einer Darstellung (vgl. BGH NJW 1952, 784-Hummelfiguren) sind hingegen ebenso wenig urheberrechtlich geschützt wie die bloße ungeformte Idee (Loewenheim, § 5, Rn. 3). Im Klartext: Bevor der Entwurf für ein Haus nicht zu Papier gebracht ist, sind Gestaltungselemente, die gegenüber Dritten als Idee geäußert wurden, nicht vor der Realisierung durch eben diese Dritte geschützt. Erst die nach außen wahrnehmbare Formgebung ermöglicht den Schutz als urheberrechtliches Werk.

Fallbeispiel

So wurde auch die Idee des Planers bei einer Kircheninnenraumgestaltung, Organist und Chor durch eine bestimmte Zuordnung am Gottesdienst teilhaben zu lassen, mangels Verkörperung im Bauwerk als nicht urheberrechtsschutzfähig angesehen (BGH GRUR 1982, 107-Kircheninnenraumgestaltung). Ebenso wenig wurde der bloße Gedanke, bei der Ausgestaltung einer Gedenkstätte für die im 2. Weltkrieg ermordeten Juden der Stadt Frankfurt a. M. deren Namen auf einer Friedhofsmauer zu verewigen, als urheberrechtsschutzfähig anerkannt (OLG Frankfurt a. M.; GRUR 1992, 699).

2.2.2 Werke der Baukunst

Urheberrechtsschutz kommt nahezu für jede Art von Bauwerk und räumlicher Gestaltung, wie etwa auch Gärten, in Betracht. Es ist nicht einmal erforderlich, dass es sich um ein mit dem Erdboden verbundenes Bauwerk handelt.

Fallbeispiel
So wurde ein Hausboot als Bauwerk auf einem Schwimmponton qualifiziert (LG Oldenburg, GRUR-RS 2013, 19507). Ebenso können auch einzelne Gebäudeteile urheberrechtlichen Schutz beanspruchen, wie etwa eine Fassade oder deren einzelner Elemente (z. B. Brüstungspaneele aus einer grau-bläulich hinterlegten Glasplatte, welche die Himmelsfarbe reflektiert -OLG Düsseldorf, ZUM-RD 2016, 368).

Gleiches gilt für einzelne Raumgestaltungen, wie etwa den Mehrzwecksaal des Dresdner Kulturpalastes (OLG Dresden GRUR-RR 2013, 51), die Innenraumgestaltung einer Kirche (BGH, GRUR 1982, 107) oder die Gestaltung eines Treppenhauses (BGH, GRUR 1999, 230)

2.2.3 Individualität und Gestaltungshöhe

Individualität
Alleine aus dem Schöpfungsakt folgt nicht automatisch der gesetzliche Urheberrechtsschutz. Auch nicht dann, wenn der Urheber selbst sein Werk als urheberrechtlich geschützt erklärt (Wandtke/Bulliger, § 2, Rn. 11) oder dies vertraglich vereinbart (OLG Düsseldorf, ZUM-RD 2016, S. 372, Rz. 53). Entscheidendes Kriterium ist, dass nur persönliche geistige Schöpfungen Werke im Sinne des Urhebergesetzes sein können (§ 2 Abs. 2 UrhG). Es kommt darauf an, ob der Architekt oder Ingenieur eine individuelle geistige Leistung erbracht hat (Wandtke, § 2, Rn. 21). Das Merkmal der Individualität ist jedenfalls immer dann zu verneinen, wenn es sich um rein handwerkliche oder routinemäßige Leistungen handelt, mögen diese auch mit höchster Perfektion und viel Fleiß erbracht worden sein (Loewenheim, § 6, Rn. 14). Das routinemäßige, handwerkliche Schaffen kann auch bei der Baukunst keinen Schutz begründen. Verhält sich die gestalterische Leistung des Architekten in den üblichen, für vergleichbare Gebäude, allseits bekannten Lösungen hinsichtlich der Raumaufteilung wie auch der äußeren Gestaltung, kann kein Urheberrechtsschutz in Betracht kommen (vgl. OLG Oldenburg, GRUR-RR 2009, 6, Blockhausbauweise)

Das Vorliegen einer individuellen geistigen Leistung ist nach objektiven Kriterien und nicht nach der subjektiven Einschätzung oder Bestimmung des Schöpfers zu beurteilen (Fromm/Nordemann, § 2, Rn. 16) Ob ein Baukunstwerk vorliegt, ist vom Standpunkt eines für Kunst empfänglichen und mit Kunstdingen einigermaßen vertrauten Menschen zu betrachten (OLG Karlsruhe, NZBau 2013, 712).

Dies führt, oft zum Leidwesen der Planer in der Praxis, dazu, dass Gerichte sich selbst als „mit Kunstdingen vertraute Menschen" einordnen und auf die Beiziehung eines Sachverständigengutachtens verzichten. Da sich nur bestimmte Gerichte mit Urheberrechtsfällen befassen dürfen und dort wiederum nur spezielle Kammern damit betraut werden, ist deren rechtliche Expertise sicher nicht anzuzweifeln. Ob sie allerdings immer sachgerecht einschätzen können, ob die im Einzelfall gewählten Lösungen tatsächlich allseits bekannt sind oder sich vielleicht doch in der konkreten Gestaltung abheben, darf bezweifelt werden. Die Gerichte berufen sich bis heute auf eine mehr als 40 Jahre alte Entscheidung des BGH (NJW 1974, 1383-Schulerweiterung), in welcher er billigte, dass sich ein Gericht bei der Würdigung der individuellen Gestaltung eines Bauwerks auf seinen eigenen Eindruck verlassen und keinen Sachverständigen hinzugezogen hatte. Es komme nicht auf die ästhetischen Feinheiten, die ein auf dem Fachgebiet arbeitender Fachmann herausfühlt, an, sondern auf den ästhetischen Eindruck, den es bei dem für Kunst empfänglichen und mit Kunstdingen einigermaßen vertrauten Menschen hinterlässt.

Für allein technisch bedingte Merkmale kann kein Urheberrechtsschutz entstehen (BGH, GRUR 2012, 58, Tz. 19-Seilzirkus). Technisch bedingte Merkmale sind solche, ohne die ein Gebrauchsgegenstand nicht funktionieren könnte (BGH, GRUR 2012, 58, Tz. 20-Seilzirkus). Der bloße Gebrauchszweck steht der Urheberrechtsfähigkeit eines Gebäudes nicht entgegen. Wenn jedoch der Zweck und die Funktion eines Bauwerks oder einer baulichen Gestaltung dessen Form bedingen, ist in der Regel der Urheberrechtsschutz zu versagen (vgl. Dreier/Schulze, § 2, Rn. 183). Gefordert wird ein ästhetischer Überschuss über den Gebrauchszweck hinaus (BGH GRUR 1957, 391-Ledigenheim). Ist dieser zu bejahen, kann selbst einer WC-Anlage Urheberrechtsschutz zukommen (LG Leipzig, ZUM-RD 2001, 11).

Fallbeispiel

In diesem Fall erkannte das LG Leipzig aufgrund der neuen einfallsreichen und außergewöhnlichen Kombination verschiedener Gestaltungselemente die Individualität des Werks an. Beispielhaft werden vom Gericht die Strukturierung des Baukörpers durch Überhängen des Daches und Säulen an dem Gebäude längsseitig, die Raster-Gliederung der Giebelwände,die Kombination von Beton-Fertigteilen mit Metallverblendungen im Eingangsbereich-Giebel sowie die Lösung der Auflage des Daches auf Säulen im Giebelbereich sowie die Rastergliederung der Betonfertigteile der gegenüberliegenden Giebel genannt.

Individualität ist zu verneinen, wenn sich eine Darstellung in der bloßen Wiedergabe alt bekannter Formen erschöpft. Zwar ist dem Urheberrecht eine absolute Neuheit, wie sie etwa bei einer patentierbaren Erfindung vorliegen müsste, fremd (Wandtke/Bullinger, § 2, Rn. 22). Gefordert wird aber eine subjektive Neuheit (Wandtke/Bullinger, a. a. O.) Dafür genügt, dass sich das Werk von dem bisher bekannten unterscheidet (Fromm/Nordemann, § 2, Rn. 28). Der Schöpfungsprozess muss bei dem Urheber zu einem individuellen Ergebnis, etwas für ihn Neues führen (Wandtke/Bullinger, a. a. O.). So schadet auch die bloße Vorbekanntheit einer Technik nicht.

Fallbeispiel

Das entschied das LG München bei einer zweigeteilten Industriehalle mit Membrandächern und erkannte die originelle schöpferische Leistung darin, einen großen Baukörper einigermaßen leicht und anmutig in den Außenbereich einer ländlichen Gemeinde einzubetten. Der Entwurf zeichne sich besonders durch die Zweiteilung eines voluminösen Baukörpers, die Zuordnung der beiden Hallen, der (Membran)Dachform und -krümmung und die Fassadenproportionen aus, was in der Perspektive von oben an einen fliegenden oder landenden Vogel erinnere (LG München, ZUM-RD 2003, 556).

Etwas Neues kann auch trotz bzw. gerade durch die Kombination altbekannter Elemente entstehen (Fromm/Nordemann, § 2, Rn. 28).

Fallbeispiel

So wurde einem Einfamilienhaus trotz der Vorbekanntheit der Einzelelemente in ihrem konkreten Zusammenspiel, nämlich einer Glaspyramide auf dem Dach, einem hochgezogenen Wintergarten, dem Dachüberstand neben dem Hauseingang, einem Erker auf der Südostseite, den markanten Gaubenformen sowie der auffälligen Gestaltung der Traufen und Gesimse, ein besonderer ästhetischer Wert und hohe Individualität bescheinigt (OLG Hamm NJW-RRE 2000.191). Ebenso kann sich auch bei einer Fassade aus der konkreten Kombination für sich einzeln nicht schutzfähiger Elemente, nämlich umlaufende rote Farbbänder, waagrechte Lamellen an den Außenseiten der Geschossdecken, Geländer aus einer Doppelreihe von Vertikalstäben, wellenförmige Ausformung des 1.OG, die Ausfächerung der Westfassade, Rundungen an den Ecken sowie die asymmetrische Form eines Staffelgeschosses, ein in der Gesamtheit hoher architektonischer Anspruch ergeben (OLG München, ZUM-RD 2008, 158).

Wird jedoch durch die Kombination nichts Individuelles geschaffen, ist der Urheberrechtsschutz zu versagen.

Fallbeispiel

Wie im Falle des Entwurfs eines Holzhauses im alpenländischen Stil, über den
das OLG Oldenburg zu entscheiden hatte (GRUR-RR 2009, 6-Blockhausbau-
weise). Ein gerichtlich beauftragter Sachverständiger kam zu dem Ergebnis,
dass die verwendeten Einzelkomponenten, die über den in Mitteleuropa üblichen Grundtypus eines großen Einfamilienhauses hinausgehen und diesem
Grundtypus funktional und gestalterisch hinzugefügt worden sind(Hanglage
des Gebäudes mit talseitig erschlossenem Untergeschoss, Zwerchgiebel, Balkon vor dem Zwerchgiebel, achteckiges zweigeschossiges Türmchen, Wintergarten mit Untergeschoss, durchlaufender Balkon im Erdgeschoss und
Hängewerke in allen Giebeln), bekanntem Formengut und Gestaltungselemen-
ten entstammen. Diese Komponenten hätten einzeln oder auch in Kombination
bei anderen Bauwerken bereits vorher Verwendung gefunden und enthielten
für sich betrachtet nichts Neues bzw. Individuelles. In der Auswahl und Zuordnung der verwendeten bekannten Formen und Gestaltungselemente sei zwar
eine gewisse individuelle eigenschöpferische Gestaltung zu sehen, die jedoch
nur als durchschnittlich bis überdurchschnittlich zu qualifizieren sein. Diese
hebe sich jedoch nicht hinreichend deutlich vom Durchschnitt ab und beinhalte
keine ausreichend eigenständige, ungewöhnliche oder innovative Konzeption.

Gestaltungshöhe

Nach der deutschen Rechtsprechung muss die Individualität durch ein gewisses
Maß an Gestaltungshöhe zum Ausdruck kommen. Bloße Individualität reicht
nicht aus, wenn nicht auch die persönlichen Züge des Urhebers zum Tragen
kommen. Der Grad der Individualität wird durch einen Vergleich des Gesamtein-
drucks des Werks mit seinen prägenden Gestaltungsmerkmalen mit der Gesamtheit der vorbekannten Gestaltungen ermittelt (Wandtke/Bullinger, § 2, Rn. 23,
25). Bei Bauwerken ist anerkannt, dass sich die erforderliche Gestaltungshöhe
und schöpferische Prägung nicht nur aus der Gestaltung des Baukörpers, sondern
auch der Art und Weise, wie dieser in die Landschaft eingefügt wird, ergeben
kann (vgl. BGH GRUR 1957, 391-Ledigenheim).

Für den Urheberrechtsschutz bei Bauwerken, insbesondere zweckgebundenen,
wie Wohnhäuser und Zweckbauten, wird gefordert, dass sie einen über die technische Lösung hinausgehenden ästhetischen Gehalt also auch einen gewissen Grad an
Individualität, aufweisen (vgl. BGH GRUR 1957, 393-Ledigenheim). Es wird dabei
auch gefordert, dass das Bauwerk nicht nur das Ergebnis eines rein handwerklichen

oder routinemäßigen Schaffens darstellt, sondern, dass es aus der Masse des alltäglichen Bauschaffens herausragt (OLG Karlsruhe, NZBau 2013, 712).

Fallbeispiel
Entsprechend wurde einem Zwölffamilienhaus der Schutz versagt. Der Architekt hatte sich auf die Kombination diverser Elemente berufen, unter anderem auf den Rücksprung des 3. OG gegenüber dem zweigeschossigen Sockel, was bei einem Haus mit geneigtem Dach einen ungewöhnlichen „Kunstgriff" darstelle, versetzten Pultdächern und Hochfenstern. Das Gericht beurteilte alle Gestaltungselemente einzeln wie auch in ihrer Kombination als vorbekannt. Es komme nicht darauf an, dass die konkrete Kombination als solche nicht zum vorbekannnten Formenschatz gehört. Entscheidend sei vielmehr, dass die einzelnen Elemente seit langem Gestaltern zur Verfügung stünden und in der Praxis in vielfacher Weise zur Verfügung stünden. Dieser Typus Haus sei in Fülle in Neubaugebieten zu finden und werde von vielen Architekten in ähnlicher Weise gebaut (OLG Karlsruhe, a. a. O.).

Zukünftige Anforderungen für Werke der Baukunst
Diese quantitative Bemessung der Schöpfungshöhe mit der Anforderung eines deutlichen Überragens der durchschnittlichen Gestaltungshöhe wird zunehmend kritisiert. Stattdessen wird der Schutz der so genannten „kleinen Münze" auch bei Bauwerken gefordert (vgl. Pauly, NZBau 2011, 645). Mit der „kleinen Münze" werden im Urheberrecht Werke bezeichnet, die ein gerade noch ausreichendes Minimum an Individualität aufweisen und somit als schutzfähig eingestuft werden. Diese Ansicht hat zudem aufgrund eines Kurswechsels der Rechtsprechung des BGH Nahrung erhalten, wonach bei Werken der angewandten Kunst kein deutliches Überragen der Durchschnittsgestaltung mehr gefordert wird. Werke der angewandten Kunst sind solche, die zwar künstlerisch gestaltet sind, zugleich aber einem Gebrauchszweck dienen (Wandtke/Bullinger, § 2 Rn. 96), wie z. B. Logos oder Designermöbel. Bis zur Reform des Geschmacksmustergesetzes im Jahr 2004 musste ein Geschmacksmuster neu und eigentümlich sein. Die Eigentümlichkeit bemaß sich daran, welcher Freiraum dem Gestalter unter Berücksichtigung der technischen Funktion und Brauchbarkeit des jeweiligen Designs zur Verfügung stand, wobei der Schutzumfang eines Geschmacksmusters umso höher war, je mehr es sich vom Vorbekannten absetzte (Krieger, GRUR Int 1983, S. 434). Um die Rechte voneinander abzugrenzen wurde für den Urheberrechtsschutz ein höherer schöpferischer Eigentümlichkeitsgrad verlangt, wobei die Grenze nicht zu niedrig angesetzt werden durfte (BGH, NJW-RR 1995, 1253-Silberdiestel). Mit der Reform des Geschmacksmusterrechts wurde

die Eigentümlichkeit durch das Erfordernis der Eigenart ersetzt. Deswegen ist nun im Designrecht keine besondere Gestaltungshöhe mehr gefordert. Eigenart setzt nur noch voraus, dass sich ein Design in seinem Gesamteindruck von dem vorbekannten Formenschatz unterscheiden muss. Weil der Designschutz und das Urheberrecht somit unterschiedliche Schutzrichtungen haben, bestehe kein Anlass mehr für Werke der angewandten Kunst an dem Merkmal der überragenden Schöpfungshöhe festzuhalten (BGH, GRUR 2014, S. 179-Geburtstagszug).

Allerdings stellt der BGH klar, dass auch die ästhetische Wirkung der Gestaltung einen Urheberrechtsschutz nur begründen kann, soweit sie nicht dem Gebrauchszweck geschuldet ist, sondern auf einer, über die funktionsbedingte Form hinausgehenden künstlerischen Leistung beruht. (BGH, GRUR 2014, S. 179, Tz. 41- Geburtstagszug). Entscheidend ist dabei weiterhin auf die Auffassung der für Kunst empfänglichen und mit Kunstanschauungen einigermaßen vertrauten Kreise (BGH, GRUR 2014, S. 177, Tz. 26).

Die Folgerechtsprechung richtet sich nun vor allem danach, ob eine Gestaltung neu ist oder lediglich an bekannte Vorbilder anknüpft und insbesondere auch, ob der Entwerfer einen Gestaltungsspielraum ausgenutzt hat. Dies steht auch im Einklang mit der Rechtsprechung des europäischen Gerichtshofs, der in Anlehnung an europäische Richtlinien zu Computerprogrammen, Fotografien und Datenbanken zunehmend auch bei anderen Werken, bislang noch nicht bei Bauwerken, darauf abstellt, ob eine eigene geistige Schöpfung vorliegt. Eine eigene geistige Schöpfung ist gegeben, wenn der Urheber bei der Herstellung des Werkes seine schöpferischen Fähigkeiten zum Ausdruck bringen konnte, indem er frei kreative Entscheidungen trifft (EugH, GRUR 2012, 166 – Painer/Standard). In der Literatur wird aufgrund dieser Entscheidung gefordert, von dem Element der Gestaltungshöhe gänzlich Abstand zu nehmen und die notwendige Individualität des Werks nur noch in zwei Stufen zu prüfen. Auf der ersten Stufe soll Individualität im Sinne einer negativen Abgrenzung nur dann zu verneinen sein, wenn dem Urheber der geistige Gehalt seines Werks durch den Gegenstand der Darstellung oder durch sonstige Vorgaben so vorgegeben war, dass kein Raum für eigene Entscheidungen verblieben ist. Auf der zweiten Stufe muss die subjektive Neuheit vorliegen, sich das Werk also für den Urheber von dem bisher Bekannten unterscheiden (Fromm/Nordemann, § 2, Rn. 41).

Momentan scheint die Rechtsprechung in Deutschland für Werke der Baukunst am Erfordernis des „Herausragens aus der Masse des alltäglichen Schaffens" festhalten zu wollen (vgl. OLG Düsseldorf, ZUM-RD 2016, S. 372).

Sollte sich die „Kleine Münze" auch bei Bauwerken etablieren, könnten insbesondere die o. a. Entscheidungen des OLG Oldenburg-Blockhausbauweise und des OLG Karlsruhe- Zwölffamilienhaus durchaus zugunsten der Architekten ausfallen. Im Fall des OLG Oldenburg hatte sogar ein Sachverständiger attestiert, in

der Auswahl und Zuordnung der verwendeten bekannten Formen und Gestaltungselemente sei durchaus eine gewisse individuelle, eigenschöpferische Gestaltung
zu erkennen (GRUR-RR 2009, 8). Sofern die konkrete Kombination tatsächlich
so noch nicht entworfen bzw. dann auch gebaut wurde, müsste grundsätzlich
eine Neuheit anzunehmen sein. Denn der Entwerfer hat aus einer Vielzahl mög-
licher Gestaltungselemente seinen kreativen Freiraum ausgeschöpft und etwas
für ihn Neues geschaffen. Sofern diese Kombination dann nicht allein funktional
oder technisch, das können auch die örtlichen Gegebenheiten sein, bedingt ist,
wäre auch die notwendige Individualität gegeben. Ein deutliches Überragen bis-
heriger Gestaltungen wäre eben nicht mehr beachtlich. Wollte man also Urheberrechtsschutz bejahen, wäre freilich zu berücksichtigen, dass dieser Schutz nur in
einem sehr geringen Umfang zu gewähren wäre. Der Architekt oder Ingenieur
könnte dann eventuell gegen eine 1:1 Umsetzung seiner Entwürfe oder Genehmigungsplanung vorgehen. Da sich der Schutz im Zweifel nur auf diese konkrete
Ausgestaltung begrenzt, könnte diesem durch relativ geringfügig abgewandelte
Ausführungen ausgewichen werden, sodass urheberrechtliche Ansprüche schnell
ins Leere liefen. Insofern ist (nach meiner Einschätzung) vorerst nicht zu erwarten,
dass sich die Ausgangsposition für Architekten und Planer gerade bei zweckgebundenen Bauten entscheidend verbessert. Es ist zu erwarten, dass die Kriterien der
Neuheit und der künstlerischen Gestaltung in den Vordergrund rücken.

Mag sich das Vorgesagte für den ein oder anderen als graue Theorie darstellen, kann das Verkennen einer sich abzeichnenden Rechtsprechungstendenz fatal
sein. So wurde im Streit um eine „Airbrush-Urne" dem Verkäufer einer als urhe-
berrechtsverletzend eingestuften Urne zum Verhängnis, dass der BGH bereits in
einem Urteil aus dem Jahr 2011 („Seilzirkus") angedeutet hatte, das Erfordernis
des deutlichen Überragens der Durchschnittsgestaltung bei Werken der angewandten Kunst zu ändern. Der Verkäufer wurde zur Zahlung von Schadensersatz
verurteilt. Voraussetzung für eine Verpflichtung zur Zahlung eines Schadensersat-
zes ist wenigstens Fahrlässigkeit und damit schuldhaftes Handeln. Die „Nicht-
beachtung" der vorzitierten Andeutung wurde dem Verkäufer als fahrlässiges
Handeln ausgelegt. Er hätte eine von der eigenen Einschätzung abweichende
Beurteilung der rechtlichen Zulässigkeit seines Verhaltens in Betracht ziehen und
vom Verkauf der Urnen Abstand nehmen müssen (OLG Köln, GRUR-RR 2015,
275, Tz. 31-Airbrush-Urnen).

Im Klartext: Es ist nicht auszuschließen, dass die Anforderungen an den urheberrechtlichen Schutz für Werke der Baukunst in Zukunft sinken. Das muss bei
heutigen Entwürfen in Anlehnung an bestehende Gebäude oder Planungen beach-
tet werden. Sonst kann es später teuer werden, wenn übernommenen Elementen
der Schutz der kleinen Münze zuerkannt werden sollte.

Schutz von Planungsunterlagen 3

3.1 Schutz nach dem Urhebergesetz

Anders als bei Entwürfen ist bei wissenschaftlichen und technischen Werken im Sinne des § 2 Nr. 7 UrhG allein die *Form der Darstellung* urheberrechtlich geschützt, nicht der wissenschaftliche oder technische Inhalt (Wandtke/Bullinger, § 2, Rn. 135). Ein Schutz vor Nachbau kann sich daraus nicht ergeben (BGH, NJW-RR 1989, 620-Bauaußenkante). Folglich ist es auch unerheblich, ob der dargestellte Gegenstand selbst urheberrechtlich geschützt sein könnte. Die Darstellung muss über die bloße Wiedergabe hinaus veranschaulichend, belehrend oder unterrichtend sein als auch eine eigenschöpferische Leistung beinhalten (Loewenheim, § 9, Rn. 197). Das ist nicht anzunehmen, wenn der Gestalter keinen eigenen Freiraum hatte oder technischen Zwängen, wie z. B. der Ausführung einer DIN-Norm unterlag (Wandtke/Bullinger, § 2, Rn. 137 und 138). Da technische Unterlagen jedoch in den meisten Fällen darauf beruhen, dass vorgegeben Daten exakt und richtig wiedergegeben werden und allein mit dem Berufen hierauf viele Pläne per se schutzlos bleiben müssten, verlangt die Rechtsprechung nur ein geringes Maß an schöpferischer Gestaltungshöhe (vgl. Loewenheim, a. a. O.). Hier ist also die „kleine Münze" anders als bei Werken der Baukunst anerkannt. Allerdings bedeutet diese niedrige Schwelle für die Schutzgewährung auch, dass die Durchsetzung gegen die Übernahme des eigenen geistigen Schaffens nur in einem sehr engen und begrenzten Rahmen möglich ist. Geringfügige Änderung einer Darstellung können unter Umständen schon genügen, um sich dem Vorwurf einer urheberrechtlichen Verletzungshandlung zu entziehen (vgl. Loewenheim, a. a. O.).

Bauplänen und Bebauungsplänen kann somit, unabhängig von der Anerkenntnis der dargestellten Gebäude als urheberrechtliches Werk, ein Schutz zukommen,

© Springer Fachmedien Wiesbaden GmbH 2017
M. Boden, *Das Urheberrecht im Bauwesen,* essentials,
DOI 10.1007/978-3-658-16639-7_3

wenn die Darstellung besonders originell oder veranschaulichend erfolgt. Verhält sich diese jedoch im Bereich des zeichnerisch Herkömmlichen, wird der Schutz zu versagen sein, mag es sich auch um neuartige Objekte handeln, die zu Papier gebracht werden (vgl. BGH, NJW 1979, 1548).

Fallbeispiel

Ein Architekt machte geltend, dass seine Zeichnungen im Flughafenbau grundlegend Neues enthielten. Er stützte dies auf eine u-förmige Straßenführung in Kombination mit einem unterirdischen Bahnhof und der besonderen Lage des Abfertigungsgebäudes. Ihm wurde Urheberrechtsschutz versagt, da es eben allein auf die Darstellungsweise ankommt und nicht die bloße wissenschaftliche oder technische Lehre oder gar deren Neuheit.

Hingegen wurde einem Bebauungsplan, der auf einen bereits vorhandenen Rahmenplan aufbaute, Urheberrechtsschutz zugesprochen (BGH GRUR 1956, 88): In dem Plan des Klägers wurden die Anschlüsse an das schon vorhandene Siedlungsgebiet, die genaue Straßenführung, die Größe der Grünanlagen, die räumliche Einordnung und Stellung der vorgesehenen Siedlungsbauten sowie die Ausgestaltung der von Gemeinden zu überlassenden Geländeteile dargestellt. Dies lasse eine eigene geistige Tätigkeit erkennen, gleichgültig wie hoch das schöpferische Ideengut im Einzelnen war.

3.2   Schutz für Planungsunterlagen nach der VOB

Ist die VOB zwischen den Vertragsparteien vereinbart worden, kann sich ein Anspruch aus § 3 Abs. 6 VOB/Teil B ergeben. Danach dürfen Zeichnungen, Berechnungen, Nachprüfungen von Berechnungen oder andere Unterlagen ohne Genehmigung ihres Urhebers nicht veröffentlicht, vervielfältigt, geändert oder für einen anderen als den vereinbarten Zweck benutzt werden. Das Wort Urheber ist hier nicht im Sinne des Urheberrechts zu verstehen, da technische Zeichnungen oder Berechnungen regelmäßig keinen urheberrechtlichen Schutz beanspruchen können.

Fallbeispiel

In dem Urteil „Kalkulationshilfe" (BGH GRUR 1985, 939) sprach der BGH einem Planer, der beauftragt worden war, die für die Holzdachkonstruktion einer Schwimmhalle notwendigen statischen Unterlagen einschließlich aller Einzel- und Detailplanungen zu erstellen wegen der unerlaubten Verwendung

der Unterlagen, im Rahmen einer Ausschreibung für ein weiteres Schwimm-
bad, Schadensersatz zu. Das Verbot einer ungenehmigten Weitergabe an Dritte
ergebe sich bereits aus der VOB. Zudem hatte hier der Planer die Unterlagen mit dem Aufdruck versehen: „Für diese Zeichnung behalten wir uns alle
Urheberrechte vor. Sie bleibt unser geistiges Eigentum und darf ohne unsere
ausdrückliche vorherige Genehmigung weder vervielfältigt noch Dritten
zugänglich gemacht werden!"

3.3 Schutz für Planungsunterlagen nach den §§ 18 des Gesetzes gegen den unlauteren Wettbewerb (UWG)

Jenseits des urheberrechtlichen Schutzes können Architekten oder Ingenieure den
unbefugten Gebrauch ihrer Vorlagen technischer Art gemäß § 18 UWG schützen.
Verboten ist das unbefugte Verwerten anvertrauter Vorlagen im geschäftlichen
Verkehr. Das Verbot kann sowohl gegenüber Wettbewerbern als auch zivilrecht-
lich gegen jeden Verletzer durchgesetzt werden. Zudem macht der unbefugt Handelnde sich strafbar. Vorlagen sind Mittel, die als Grundlage oder Vorbild für
die Herstellung von neuen Sachen oder Dienstleistungen dienen sollen (Köhler/
Bornkamm, UWG § 18, Rn. 9, m. w. N.). Das Gesetz nennt beispielhaft Zeichnungen, Modelle, Schablonen oder Schnitte. Bauzeichnungen fallen hier auch
darunter (vgl. OLG Karlsruhe, WRP 1986, 623). Das Verwerten umfasst dabei
jegliche wirtschaftliche Nutzung (Köhler/Bornkamm, UWG § 17, Rn. 41). Unbefugt ist es, wenn dem Täter keine Rechtfertigung, wie etwa eine Erlaubnis zur
Seite steht (Köhler/Bornkamm, UWG § 17, Rn. 43).

Anvertraut sind Vorlagen, die der Planer einem anderen vertraglich oder
außervertraglich mit der ausdrücklichen oder aus den Umständen folgenden Verpflichtung überlässt, sie nur im Interesse des Anvertrauenden zu verwerten (Ohly/
Sosnitza UWG § 18, Rn. 6). Zum Nachweis der Vertraulichkeit sollten Architekten und Ingenieure ihre Unterlagen mit einem deutlichen Hinweis (s. o. 3.2.)
versehen. Dabei muss zwischen den Personen ein Außenverhältnis bestehen
(Harte-Bavendamm UWG § 18, Rn. 6). Es scheidet also ein Anvertrauen innerhalb eines Unternehmens aus. Obwohl die Norm ein Anvertrauen im geschäfti-
chen Verkehr erfordert, wird dies weit ausgelegt. Auch einem privaten Bauherrn
gegenüber können Unterlagen in diesem Sinne anvertraut werden (OLG Karlsruhe a. a. O.).

Ein Anvertrauen fehlt, wenn es sich um offenkundige Tatsachen handelt. Eine Tatsache ist bzw. wird offenkundig, wenn sie allgemein bekannt oder doch leicht zugänglich ist bzw. wird (Köhler/Bornkamm UWG § 17, Rn. 6). Es kommt dabei nicht darauf an, dass die Vorlage einen wirtschaftlich wertvollen neuen technischen Gedanken enthält. Der unbefugt Handelnde kann sich nicht damit rausreden, dass er etwa die Bauzeichnung ohne Probleme selbst hätte erstellen können, hat er sich doch gerade den dafür anfallenden Zeitaufwand und die Kosten erspart (vgl. Köhler/Bornkamm UWG § 17, Rn. 9).

Vertragliche Gestaltungen von Urheberrechten

4

4.1 Einräumung von Nutzungsrechten

Bei Architektenverträgen geht es, anders als bei z. B. einer Logoentwicklung durch einen Grafikdesigner, nicht darum, einen Entwurf zur beliebigen und vielfachen Verwendung des Bauherrn zu erstellen. Der Architekt wird in der Regel seinen Entwurf selbst ausführen und dem Bauherrn das Gebäude schlüsselfertig übergeben (vgl. Schulze, NZBau 2007, 537). Ziel des Architektenvertrags ist die Errichtung des Gebäudes nach den individuell gestalteten Plänen des Architekten. Der Bauherr will sein Objekt selbst bewohnen oder es durch Vermietung oder Verkauf wirtschaftlich verwerten. Für ihn kommt es in dieser Konstellation nicht darauf an, ob und welche Nutzungsrechte er an den Entwürfen erhalten hat (vgl. OLG München, NJW-RR 474 m. w. N.). Die explizite Einräumung eines Nachbaurechts ist dann relevant, wenn der Architekt lediglich mit der Entwurfsplanung beauftragt wird oder wie bei Fertighäusern eine mehrfache Ausführung in Betracht kommt. Im Urheberrecht spricht man von der Einräumung von Nutzungsrechten, die in § 31 UrhG geregelt ist. Die Übertragung kann einfach oder ausschließlich sein. Sie kann inhaltlich, nur für einen bestimmten Zweck, zeitlich, für eine bestimmte Dauer, oder örtlich für ein bestimmtes Gebiet, beschränkt werden. Ist zwischen den Parteien keine eindeutige Regelung getroffen worden, bestimmt sich gemäß § 31 V UrhG der Umfang der jeweiligen Nutzungsrechteeinräumung nach dem zugrunde liegenden Vertragszweck. Bei bestehenden Zweifeln verbleiben die Nutzungsrechte beim Urheber. Dies ist die sogenannte Zweckübertragungsregel.

Der Zweck des Architektenvertrags begründet nach dem eingangs Gesagten grundsätzlich keine Vermutung für die Einräumung von Nutzungsrechten an den Entwürfen durch den Architekten (vgl. OLG Frankfurt, ZUM 2007, 307). Entsprechend bekommt der Architekt, der mit einem Gebäude von Anfang bis Ende beauftragt war,

© Springer Fachmedien Wiesbaden GmbH 2017
M. Boden, *Das Urheberrecht im Bauwesen*, essentials,
DOI 10.1007/978-3-658-16639-7_4

sein Vertragshonorar, ohne dass hierin ein besonderer Betrag für die Schaffung eines urheberrechtlichen Werks oder der Einräumung von Rechten ausgewiesen ist (OLG München, a. a. O.).

Hat ein Architekt die Nutzungsrechte tatsächlich eingeräumt, ist anerkannt, dass er hinsichtlich der Nutzungsbefugnis seiner Pläne vorleistungspflichtig ist. Das bedeutet, er darf gegenüber einem Bauherrn, der mit einer Zahlung im Verzug ist, jedoch für die Durchführung des Projekts dringend auf die Pläne angewiesen ist, kein Zurückbehaltungsrecht geltend machen. Zwar muss er nicht die Originalpläne übergeben, aber wenigstens Mutterpausen (OLG Köln, NJW-RR 1998, 1097).

4.2 Nutzungsrechte bei der Entwurfs- und Genehmigungsplanung

Eine Einräumung von Nutzungsrechten an einem Entwurf kommt nur in Betracht, wenn der Planer diese vertraglich ausdrücklich eingeräumt hat oder der Auftrag von vornherein eindeutig nur auf die Leistungsphasen 1–4 des § 34 HOAI – Grundlagenermittlung, Vorplanung, Entwurfsplanung, Genehmigungsplanung- beschränkt war. Ohne einen Vorbehalt oder eine ausdrückliche Regelung kann bei Aufträgen, die zweifellos nur bis zur Genehmigungsplanung gelten sollten, eine stillschweigende Einräumung von Nutzungsrechten in Betracht kommen (Schulze a. a. O., m. w. N.).

Fallbeispiel

Bei einer derart beschränkten Beauftragung muss der Planer damit rechnen, dass der Bauherr das Projekt nach der erbrachten Genehmigungsplanung ohne ihn durchführen möchte. Hier sollte sich der Planer seine Rechte vorbehalten, wenn er verhindern will, dass das Werk ohne seine Mitwirkung realisiert wird (OLG Frankfurt, a. a. O.).

Ein derart stillschweigend eingeräumtes Nutzungsrecht ist dann als alleiniges Nutzungsrecht zu interpretieren. Dies kann sogar zum Ausschluss einer Verwertung durch den Planer führen. Selbst bei nicht urheberrechtsschutzfähigen Plänen ist ein Architektenvertrag dahin gehend auszulegen, dass dem Planer die Zweitverwertung bezogen auf die Errichtung des geplanten Bauwerkes auf dem konkreten Grundstück untersagt werden darf. Im entschiedenen Fall war der ursprüngliche Bauträger insolvent gegangen und wandte sich gegen die Weitergabe der Pläne durch den Architekten an den neuen Bauherrn, der das Projekt realisieren wollte (BGH, GRUR 2014, 73).

4.3 Nutzungsrechte in der Entwurfsplanung

Erschöpft sich ein Auftrag allerdings bereits in der Grundlagenermittlung oder der Vor- oder Entwurfsplanung, kommt eine stillschweigende Nutzungsrechteeinräumung nicht in Betracht. Diese Leistungen beziehen sich auf die Vorplanung und dienen der Klärung, ob und in welcher konkretisierten Form sich ein Bauvorhaben umsetzen lässt. Ob und in welcher Form es tatsächlich umgesetzt wird, steht in diesen Phasen hingegen nicht fest. Ein Nachbaurecht geht mit Übergabe der Entwurfspläne regelmäßig nicht einher (vgl. Binder und Messer, Rn. 371/372). Da der Planer dann auch nur die vergleichsweise geringe Vergütung der Leistungsphasen 1–3 erhält, ist es gerechtfertigt, im Falle der Übertragung des Nutzungsrechts eine gesonderte Vergütung zu verlangen (OLG Jena, OLG-NL 1999, 73).

4.4 Nutzungsrechte nach Kündigung des Architektenvertrags

Bei der Frage, was mit den Nutzungsrechten passiert, wenn der für die Vollendung des Bauwerks vereinbarte Architektenvertrag vorzeitig gekündigt wird, kommt es vor allem darauf an, wie weit das Vorhaben fortgeschritten ist. Soweit die Kündigung noch vor der Genehmigungsplanung erfolgt, hat der Bauherr kein Recht, einen urheberrechtlich geschützten Entwurf zu realisieren (vgl. OLG Celle, ZUM-RD 2011, 339). Bei einer Kündigung nach Abschluss der Genehmigungsplanung kommt es nach dem oben Gesagten (s. Abschn 4.2) darauf an, ob eine stillschweigende Einräumung des Nachbaurechts erfolgte. Ist dies nicht der Fall, kommt eine Auswertungspflicht, also die Pflicht des Bauherrn das weitere Vorhaben nach dem Plan des Architekten zu errichten, nicht in Betracht (Schulze, NZBau 2007, 543). Es bleibt dem Bauherrn dann möglich, den Bau ohne Übernahme der schutzfähigen Bestandteile zu errichten. Hier kann sich dann die Diskussion anschließen, ob durch die abweichende Ausführung der ursprüngliche Entwurf entstellt wurde oder die erfolgte Änderung der Genehmigung bedurft hätte (s. Kap. 5).

Ist das Nachbaurecht bei dem Architekten verblieben und wird der Vertrag gekündigt, nachdem mit dem Bau begonnen wurde, ist entscheidend, in wessen Verantwortungsbereich die Kündigung liegt und wieweit der Baufortschritt ist.

Ist die Kündigung durch den Entwurfsplaner zu vertreten, wird vieles dafür sprechen, dass dem Bauherrn die Realisierung des Objekts möglich sein muss. Sonst könnte das Urheberrecht seitens des Planers als treuwidriges Druckmittel verwendet werden und ihm im äußersten Fall ein vertragswidriges Verhalten sogar noch vergolden (vgl. Messer und Binder, Rz. 384/384). Soweit die Kündigung vom Auftraggeber zu verantworten ist, soll das Nachbaurecht grundsätzlich bei dem Entwurfsverfasser bleiben. Dann ist der Stand der Bauarbeiten entscheidend. Sind bereits alle schutzfähigen Elemente realisiert worden, kann ein Architekt der Finalisierung des Bauvorhabens sein Nachbaurecht nicht mehr wirksam entgegensetzen. Er hat dann gemäß § 649, S. 2 BGB Anspruch auf die vereinbarte Vergütung für die noch ausstehenden Architektenleistungen abzüglich ersparter Aufwendungen (Messer und Binder, Rz. 379).

Werden erst nach der Kündigung die Teile des Entwurfs umgesetzt, in denen sich die geistige Schöpfung des Planers widerspiegelt, kann sich der Planer hingegen auf sein Nachbaurecht berufen. Ihm steht dann ein Schadensersatzanspruch zu (zur Höhe s. Abschn. 6.4).

4.5   Vertragliche Gestaltungsmöglichkeiten

4.5.1   Individuelle Vertragsvereinbarungen

In einem Individualvertrag, der für ein bestimmtes Bauprojekt zwischen dem Planer und dem Bauherrn ausgehandelt wird, können die Parteien die Nutzungsrechte frei regeln. So kann mit Übergabe der Genehmigungsplanung die Übertragung des Nachbaurechts vereinbart werden oder auch für den Fall der Kündigung die Erlaubnis vorgesehen werden, das Werk mit einem anderen Planer fortzusetzen. Dem Entwerfer steht bei der Vertragsverhandlung das Gesetz zur Seite. § 32 UrhG bestimmt nämlich, dass dem Urheber für die Einräumung des Nutzungsrechts die vertraglich vereinbarte, und wenn nichts vereinbart ist, eine angemessene Vergütung zu zahlen ist. Angemessen ist eine Vergütung gemäß § 32 II UrhG, wenn sie dem entspricht, was im Geschäftsverkehr nach Art und Umfang der eingeräumten Nutzungsmöglichkeit, insbesondere nach Dauer und Zeitpunkt der Nutzung, unter Berücksichtigung aller Umstände üblicher- und redlicherweise zu leisten ist. Hiervon darf gemäß § 32 III UrhG nicht abgewichen werden. Selbst wenn es also dem Auftraggeber gelungen ist, im Vertragswerk einen Dumpingpreis festzuschreiben, muss sich der Planer hierauf nicht beschränken lassen, sondern kann auch noch im Nachhinein die übliche Vergütung, hier werden das regelmäßig die Sätze nach der HOAI sein, einfordern.

4.5.2 Standardverträge

Einheitsverträge und Vertragsmuster der Architektenkammern
Die Bundesarchitektenkammer hatte zuletzt 1994 einen Einheitsarchitektenvertrag vorgelegt, der jedoch 1998 wegen kartellrechtlicher Bedenken wieder zurückgezogen wurde. Eine Überarbeitung seitens der Bundesarchitektenkammer erfolgte nicht. Ihr Entwurf wurde von einzelnen Landesarchitektenkammern (z. B. Baden-Württemberg) noch als Vertragsmuster zur Orientierungshilfe fortgeführt. Die Regelungen zum Urheberrecht blieben dabei inhaltsgleich. Im Kern werden lediglich das Zugangsrecht, das Namensnennungsrecht und das Veröffentlichungsrecht geregelt. Zudem beinhalten die Verträge eine Klarstellung, dass die Pläne nur für das im Vertrag genannte Bauvorhaben verwendet werden dürfen. Im Übrigen bleibt das Urheberrecht des Architekten unberührt. Das bedeutet, dass für alle Fragen rund um Nachbau, Änderung oder Entstellung schlichtweg das Gesetz zur Anwendung kommt. Aus Sicht der Architekten und Ingenieure ist es nach wie vor sinnvoll, auf diese Muster als Grundlage für Vertragsverhandlungen zurückzugreifen.

Vertragsmuster des Bundes und der Kommunen
Den Richtlinien für die Durchführung von Bauaufgaben des Bundes, RBBAU, (abrufbar unter fib-bund.de), sind die Allgemeinen Vertragsbestimmungen, AVB, für Architekten-/Ingenieurleistungen im Anhang 19 zu entnehmen. Neben dem Bund verwenden auch viele Konzerne diese oder nahezu inhaltsgleiche Klauseln für ihre Bauvorhaben. Auf kommunaler Ebene gibt es die HAV-KOM, die, allerdings kostenpflichtig, über den Boorberg-Verlag zu beziehen sind. Diese beinhalten weitestgehend die gleichen Regelungen wie die AVB und formulieren sehr weitgehende Änderungsrechte ohne Mitwirkung des Urhebers. Sie sollen jedoch ihre Grenzen bei einer Entstellung finden oder wenn die Interessensabwägung zulasten des Urhebers ausfällt. In diesem Fall ist der Urheber von der geplanten Änderung zu informieren und ihm ist Gelegenheit zu geben, binnen einer vom Auftraggeber bestimmten angemessen Frist mitzuteilen, ob und in welcher Weise er mit einer Änderung einverstanden ist (§ 6.1.2 AVB). Das ist insofern kritisch als die Entscheidung, ob Rechte des Planers verletzt sind, beim Auftraggeber liegt. Ist er der Auffassung, keine Rechte zu verletzen, muss er den Architekt oder Ingenieur auch nicht informieren. Insofern wird dieser dann gegebenenfalls vor bereits vollendete Tatsachen gestellt. Bislang wurden diese Klauseln noch nicht gerichtlich auf den Prüfstand gestellt. Das LG Hannover befand in einer Entscheidung

aus dem Jahre 2007 (IBR 2007, 620) eine Klausel, die bei wesentlichen Änderungen nur eine Anhörung ohne Mitwirkungsrecht vorsah, für unwirksam, da das Entstellungsverbot unantastbar ist. Dem tragen die heutigen Vertragsmuster der öffentlichen Hand Rechnung. Ob sie aus den genannten Gründen einer sogenannten Inhaltskontrolle standhalten, wird sich erst in Zukunft klären. Bei einer Inhaltskontrolle prüfen Gerichte, ob eine Vertragsklausel in allgemeinen Vertragsbedingungen den Vertragspartner unangemessen benachteiligt. Da der Urheber hier keine eigenen Gestaltungsmöglichkeiten hat, ist ein strenger Maßstab anzulegen. Teilweise werden derartige formularmäßige Änderungsvereinbarungen daher generell als unwirksam angesehen (Schulze, NZBAu 2007, S. 613).

Rechte bei Änderungen und Umbaumaßnahmen 5

5.1 Änderung und Entstellung

Umwelt und Sicherheit sind heutzutage auch am Bau wichtige Themen. Der Energiepass ist für jede Immobilie vorzulegen und energetische Sanierungsmaßnahmen sind aufgrund steigender Energiepreise an der Tagesordnung. Genauso motiviert die allseits heraufbeschworene schwindende Sicherheit viele Bauherren nachträglich Rollläden oder Fenstergitter anzubringen. Mag dies bei einem Durchschnitt-Reihenhaus unbedenklich sein, ist bei Bauwerken, die dem Urheberrechtsschutz unterliegen, bei jeder Sanierungs- oder Umbaumaßnahme zu hinterfragen, ob damit evtl. eine unzulässige Änderung oder gar eine Entstellung des Bauwerks einhergeht. Denn grundsätzlich gilt ein generelles Änderungsverbot. Der Urheber hat ein Recht darauf, dass sich sein Werk der Mit-und Nachwelt in unveränderter Form präsentiert (BGH, NJW 2008, 3784, St. Gottfried). Dies kann sich auch bereits in der Bauphase realisieren, wenn der Architekt um seine Reputation fürchten muss, weil vom Bauherrn vorgenommene Änderungen mit ihm in Verbindung gebracht werden (vgl. LG Berlin, GRUR 2007, 970).

Was viele Ingenieure oder Architekten dabei gar nicht bedenken, ist, dass auch berufsrechtliche Konsequenzen drohen können. Denn § 22 II Nr. 11 Baukammergesetz normiert eine Kollegialitätsverpflichtung der Architekten und Ingenieure untereinander. Diese wird mitunter verletzt, wenn der die Sanierungsmaßnahme verantwortende Planer das Ursprungswerk „verschandelt" und die Interessen des ursprünglichen Urhebers nicht mit in seine Planung einbezieht.

In vielen Fällen werden urheberrechtliche Belange gar nicht in die Planung einbezogen. Prominentes Beispiel ist dafür der Umbau des Stuttgarter Hauptbahnhofs. Gerade öffentliche Bauträger sichern sich in ihren Vertragswerken umfangreiche Änderungsrechte zu. Doch sollten sich Planer davon nicht verunsichern lassen. Denn oftmals werden solche Klauseln unwirksam sein, weil sie unangemessen oder zu pauschal formuliert sind (s. Abschn 5.4).

Die maßgeblichen Paragrafen sind § 14 UrhG zur Entstellung:

Der Urheber hat das Recht, eine Entstellung oder eine andere Beeinträchtigung seines Werkes zu verbieten, die geeignet ist, seine berechtigten geistigen oder persönlichen Interessen am Werk zu gefährden.
und § 39 zu Änderungen des Werkes:

1) *Der Inhaber eines Nutzungsrechts darf das Werk, dessen Titel oder Urheberbezeichnung (§ 10 Abs. 1) nicht ändern, wenn nichts anderes vereinbart ist.*
2) *Änderungen des Werkes und seines Titels, zu denen der Urheber seine Einwilligung nach Treu und Glauben nicht versagen kann, sind zulässig.*

Unter Juristen wird seit langem darüber gestritten, in welchem Verhältnis diese beiden Regelungen zueinander stehen, ob die Änderungen einen Spezialfall der Entstellung darstellen (vgl. Honscheck, GRUR 2007, S. 945). Dieser Streit ist für die Praxis irrelevant, da bei beiden Paragrafen eine Abwägung der Interessen des Urhebers am Erhalt seines Werks und den Interessen des Eigentümers an einer Beeinträchtigung und Änderung des Werks vorzunehmen ist (OLG Stuttgart, GRUR-RR 2011, 59).

Es kann jedoch nach der Art der Beeinträchtigung unterschieden werden. Die Änderung gemäß § 39 UrhG verlangt einen Eingriff in die Substanz des Werks und das Änderungsverbot richtet sich gegen den Werknutzungsberechtigten, also meistens den jeweiligen Eigentümer. Eingriffe gemäß § 14 UrhG erfordern einen Eingriff in den ästhetischen Gesamteindruck und können gegen jedermann, der für die Maßnahme verantwortlich ist, geltend gemacht werden (OLG Stuttgart, GRUR-RR 2011, 58).

Eine Änderung liegt beispielsweise vor, wenn die Fassade abgeändert wird oder ein Werbeschriftzug fest angebracht wird (vgl. Werner/Pastor, Rn. 2458 m. w. N.). Eine Entstellung und damit ein weit schwererer Eingriff ist dann anzunehmen, wenn das Werk verzerrt oder verfälscht wird und dadurch das geistige und persönliche Interesse des Urhebers an seinem Werk beeinträchtigt wird (Werner/Pastor, Rn. 2458, 2461). Hier kann das Bauwerk auch an sich unverändert bleiben. Beispielsweise kann eine Fassade durch eine nächtliche Lichtinstallation entstellt werden. Zu denken ist auch an die Errichtung von Denkmälern vor dem Bauwerk, die sich auf den ästhetischen Gesamteindruck des Gebäudes tief greifend auswirken.

Die Interessen eines Architekten werden regelmäßig bei reinen Reparatur- oder Instandsetzungsarbeiten zurücktreten (Werner/Pastor, R. 2462). Schweigt sich der Entwurf zu bestimmten Gestaltungen, wie z.b. der Farbe des Gebäudes aus, kann der Planer einer späteren Farbänderung nicht entgegentreten (Goldmann, GRUR 2005, 642, m. w. N.).

Ist nun ein Architekt oder Ingenieur mit einer Sanierungsmaßnahme o. ä. vom Eigentümer betraut worden, sollten die für die Interessensabwägung entscheidenden Kriterien im Vorfeld geklärt werden. Das gilt natürlich umgekehrt auch für den Fall, dass ein Architekt gegen eine geplante Änderung oder Entstellung, sei es während des Bauvorhabens oder nachträglich, vorgehen möchte.

Ganz grundlegend kommt ein etwaiges Änderungs- oder Entstellungsverbot immer nur in Betracht, wenn ein urheberrechtlich geschütztes Gebäude (S. o. Kap. 1) vorliegt. Bei einem nicht urheberrechtlich geschützten Bau muss der Planer jegliche Änderung schlichtweg hinnehmen. Selbst wenn im Vertrag ein urheberrechtliches Änderungsverbot vereinbart wurde, hilft das nicht weiter, da ein Bauwerk eben nicht kraft Parteivereinbarung Urheberrechtsschutz erlangen kann (vgl. Abschn. 2.2.3).

5.2   Interessensabwägung

Bei der vorzunehmenden Abwägung lässt sich nicht im Vornhinein ein Vorrang zugunsten des Eigentümers oder des Urhebers festmachen. Das Interesse des Eigentümers mit seiner Sache verfahren zu dürfen wie er mag hat seine Grenze, wenn Rechte Dritter betroffen sind, dazu gehört auch das Urheberrecht. Dieses kann wiederum nur dann zum Tragen kommen, wenn berechtigte urheberpersönlichkeitsrechtliche Belange ernsthaft berührt werden (Goldmann, GRUR 2005, 643). Anders als Werke der bildenden Kunst, die gefallen sollen, dienen Gebäude vorrangig einem Gebrauchszweck. So wird ein Architekt bloße künstlerische Befindlichkeiten weniger durchsetzen können als ein Maler, der sich bereits gegen einen kleinen Strich auf seinem Gemälde erfolgreich wird wehren können. Es ist schließlich zu berücksichtigen, dass der Planer sein Werk von vornherein für einen fremden Eigentümer schafft und dafür ein Entgelt bekommt (BGH, GRUR 1974, 676-Schulerweiterung). Dieser Konflikt besteht in abgewandelter Form auch dann, wenn sich das Erfordernis einer Änderung der ursprünglichen Planung der Architekten bereits während der Errichtung des Baues herausstellt. Entscheidend ist hierbei, ob die wesentlichen gestalterischen Merkmale, um deren Änderung gestritten wird, Teil der Genehmigungsplanung waren. Denn was vom Bauherrn nicht genehmigt wurde, kann auch nicht Gegenstand eines Änderungsverbots sein (KG Berlin, ZUM 1997, 208), mit der Folge, dass dem Urheber keine Verbotsrechte bei einer anderweitigen Bauausführung zustehen.

Obwohl sich im Laufe der Jahre bestimmte Abwägungskriterien herausgebildet haben, lassen sich diese nicht schablonenhaft auf jeden Fall anwenden. Vielmehr bedarf es stets einer Betrachtung des konkreten Einzelfalls. Im Rahmen einer gerichtlichen Klärung kann der Entwerfer auch nicht auf die Unterstützung von Sachverständigen bauen. Gerade für die Entstellung ist wie bei der Frage der Schöpfungshöhe der ästhetische Eindruck maßgeblich, den das Werk nach dem Durchschnittsurteil des für Kunst empfänglichen und mit Kunstfragen einigermaßen vertrauten Menschen vermittelt (OGL Stuttgart, GRUR 2011, 59 m. w. N.). Die mit Urheberrechtsfragen betrauten Gerichte zählen sich zu diesem Personenkreis und entscheiden daher aus eigener Sachkunde (vgl. LG Berlin, GRUR 2007, 964-Berliner Hauptbahnhof). Ein Sachverständigengutachten kommt nur dann in Betracht, wenn dem Gericht die notwendige Sachkunde fehlt. Auf die Sachkunde eines Gutachters wäre es dann mitunter angewiesen, wenn die künstlerische Bedeutung des Bauwerks mit in die Abwägung einzubeziehen wäre (vgl. Elmenhorst, Gräfin von Brühl, GRUR 2012, 128). Dieses Kriterium, insbesondere die kulturhistorische Bedeutung eines Bauwerks wird jedoch, als intransparent und zu sehr der Beliebigkeit unterworfen, abgelehnt (vgl. Wandtke und Cernik, GRUR 2014, 838). Planer sollten daher nicht mit der Unterstützung eines Sachverständigengutachtens rechnen. Das bedeutet, dass das Abwägungsergebnis nicht zuletzt von der subjektiven Einschätzung des Gerichts abhängt. Dies erschwert verlässliche Prognosen über den Ausgang eines möglichen Rechtsstreits.

Auch wenn der Eigentümer gehalten ist, bei geplanten Umbaumaßnahmen eine Lösung zu finden, welche den Urheber in seinen Persönlichkeitsrechten möglichst wenig berührt, soll in die Abwägung nur der Entwurf einfließen, für den sich der Eigentümer letztes Endes entschieden hat (zuletzt BGH, GRUR 2012, 172-Stuttgart 21). Ist die Angelegenheit also erst einmal vor Gericht gelandet, wird der in seinen Urheberrechten betroffene Architekt mit dem Argument, es stünden weniger einschneidende Alternativen zur Verfügung, nicht gehört werden. Dabei wird darauf verwiesen, dass es nicht Sache der Gerichte sein kann, anstelle des Vorhabenträgers mögliche Planungsalternativen zu prüfen (OLG Stuttgart, GRUR-RR 2011, 61). Es ist momentan nicht mit einer Änderung dieser Rechtsprechung zu rechnen. Die Gegenauffassung verweist darauf, dass ein Nichteinbeziehen des Architekten in die Vorplanung einer Änderungsmaßnahme dem Fair Play zwischen Bauherrn und Architekten zuwiderlaufe. Ein Ignorieren urheberrechtlicher Belange bei der Planung müsse sich in der Abwägung zulasten des Eigentümers auswirken (Elmenhorst, Gräfin von Brühl, GRUR 2012, 132, so auch Wandtke/Bullinger, § 14, Rn. 36). Letzten Endes wird im Rahmen der Abwägung nur ein Projekt, bei dem die Interessen des Urhebers überwiegen, seinerseits gestoppt werden können. Wollte man nun in einem Gerichtsverfahren alle möglichen Alternativausführungen einer weiteren Abwägung unterziehen, würden Modernisierungsmaßnahmen auf Jahre lahmgelegt werden können. Zudem ist zu berücksichtigen, dass es bei einer Planung, bei der im Ergebnis die Interessen des Eigentümers überwiegen, widersinnig wäre, noch weitere Planungsalternativen mit einzubeziehen. Wenn bereits die in Rede stehende Maßnahme unter Berücksichtigung aller maßgeblichen Abwägungskriterien zulässig ist, müssen eben die Interessen des Entwerfers zurücktreten.

Ohne eine ausreichende Beeinträchtigung der Urheberinteressen ist gar nicht erst eine Abwägung vorzunehmen.

Fallbeispiel

In einem vom BGH entschiedenen Fall (BGH GRUR 1982, 107, Kircheninnenraumgestaltung) hatte ein Architekt das Aufstellen eines, rollbaren, Elektroorgeltisches in einem Kircheninnenraum als unerträgliche Veränderung des architektonischen Gesamtbilds gerügt. Er hatte sich eine Pfeifenorgel vorgestellt, was allerdings vertraglich nicht festgehalten war. Die Entstellung durch einen Einrichtungsgegenstand wie den Orgeltisch wurde als grundlegend möglich angesehen, soweit er das Raumbild entscheidend mitpräge. Dies wurde im konkreten Einzelfall abgelehnt, weil der Tisch durch eine Balustrade verdeckt wurde und damit auf das Raumbild nach Ansicht des Gerichts keinen nennenswerten Einfluss hatte. Scheidet jedoch bereits eine Beeinträchtigung der Urheberinteressen aus, bedarf es gar keiner Abwägung mehr.

Ist hingegen eine Entstellung anzunehmen, haben sich durch die Rechtsprechung bestimmte Abwägungskriterien herausgebildet, die nachfolgend veranschaulicht werden sollen:

5.2.1 Der Grad der Individualität (Schöpfungshöhe)

Da besonders die persönliche Bindung des Urhebers zu seinem Werk geschützt werden soll, ist das daraus folgende Erhaltungsinteresse umso höher zu bewerten, je höher der Grad der persönlichen Schöpfung zu bewerten ist. Je individueller und einmaliger, einzigartiger das Bauwerk ist, desto weniger sind also Änderungen zuzulassen (OLG Stuttgart, GRUR-RR 2011, 59).

5.2.2 Der Grad des Eingriffs

Genauso werden die Urheberinteressen umso stärker ins Gewicht fallen, je gravierender sich die geplante oder bereits durchgeführte Änderungsmaßnahme auswirken kann. Der Teilabriss beider Seitenflügel eines Bahnhofs hat offenkundig eine andere Intensität als das Aufstellen eines Einrichtungsgegenstandes in einem Kirchenchor.

Da jedoch Persönlichkeitsrechte des Urhebers nach seinem Tod immer mehr an Bedeutung verlieren sollen, kann sich die Wertung der Intensität in der Abwägung durch bloßen Zeitablauf abschwächen.

Fallbeispiel
Dies ist für die Erben der Kreativschaffenden von Bedeutung, wie beispielsweise beim Projekt Stuttgart 21. Der ursprüngliche Architekt war vor 54 Jahren gestorben, die Schutzdauer also zu drei Vierteln bereits abgelaufen. Dies wurde zulasten der Urheberseite angeführt, da die Urheberinteressen Jahre oder Jahrzehnte nach dem Tod des Urhebers nicht notwendig dasselbe Gewicht hätten wie zu seinen Lebzeiten (BGH, GRUR 2012, 172, Rn. 5-Stuttgart 21). Eine starre zeitliche Abstufung lässt sich daraus jedoch nicht ableiten. Unter Umständen kann sich auch aus der Art des Baus und seiner Zeitlosigkeit ergeben, dass die urheberrechtlichen Interessen über die volle Schutzdauer von 70 Jahren uneingeschränkt bestehen bleiben (vgl. OLG Hamm, BeckRS 2006, 06870-Chorinsel).

Richtig greifbar ist das Kriterium der Zeitlosigkeit ebenso wenig. Im Streitfall sollte man auf Urheberseite einer schematischen Anwendung entschieden entgegentreten, allerdings in dem Bewusstsein, dass der Zeitablauf der entscheidende kleine Tropfen sein kann, der die Abwägung zum eigenen Nachteil ausgehen lässt.

Bei aktuellen Bauvorhaben, vor allem bei Änderungen in der Bauphase, kann dem Urheberpersönlichkeitsrecht hingegen ein besonderes Gewicht zukommen. Denn der Urheber muss zukünftig unter Umständen mit einer Beschädigung seiner Reputation leben.

Fallbeispiel
Im Falle des Berliner Hauptbahnhofs, bei dem statt der vorgesehenen Gewölbedecke eine Flachdecke im Untergeschoss eingezogen wurde, kam das LG Berlin zu dem Schluss, der mit dem Einbau der Flachdecke einhergehende Eingriff berühre das Urheberpersönlichkeitsrecht des Klägers in besonderer Weise, weil

die Authentizität des Werkes auf Dauer verloren gehe. Dies beeinträchtige das Ansehen des Klägers, weil ihm das Bauwerk in allen seinen Teilen zugerechnet werde. Dieser Ansehensverlust wirke auch dauerhaft fort, weil eine Dokumentation des Gebäudes, etwa in Fachzeitschriften, ohne wenigstens teilweise Abbildung der Flachdecke nicht möglich sei (LG Berlin, GRUR 2007, 964).

5.2.3 Gebrauchszweck des Gebäudes

Der Eigentümer soll das Gebäude nutzen und im Rahmen des Gebrauchszwecks erhalten oder verbessern dürfen (Dreier/Schulze, § 39, Rn. 25). Entsprechend muss der Urheber damit rechnen, dass sich aus den wechselnden Bedürfnissen des jeweiligen Eigentümers der Bedarf nach Veränderungen an dem Bauwerk ergeben kann.

Fallbeispiel
Trotz eines entstellenden Eingriffs in eine Kircheninnenraumgestaltung wurde deshalb in einem vom BGH entschiedenen Fall den vorgebrachten geänderten liturgischen Interessen der Kirchengemeinde der Vorrang gewährt. Diesen wurde freilich aufgrund des grundgesetzlich geschützten Rechts auf Glaubens- und Bekenntnisfreiheit zusätzliches Gewicht verliehen (BGH; NJW 2008, 3788, Rn. 38-St. Gottfried).
  Ebenso können kulturpolitische Zwecke die Abwägung zugunsten des Eigentümers ausfallen lassen. Beim geplanten Abriss des Mehrzwecksaals des Dresdner Kunstpalastes mit dem Ziel, diesen durch einen reinen Konzertsaal zu ersetzen, urteilte das OLG Dresden (GRUR-RR 2013, 51), der Architekt habe bereits bei Errichtung damit rechnen müssen, dass sich die Nutzung des Saales zukünftig auf einen Zweck konzentrieren könne, wobei die beabsichtigte Nutzung als Konzertsaal innerhalb des ursprünglichen Gebrauchszwecks liege. Zudem stritten Allgemeinbelange und das Modernisierungsinteresse für den Eigentümer. Kulturpolitisch sei eine Auffächerung der Spielstätten in Dresden erwünscht, es fehle der Stadt noch ein Orchestersaal, der internationalen Ansprüchen genüge.

Der Gebrauchszweck darf jedoch nicht als Allheilmittel für die Durchsetzung der Eigentümerinteressen missverstanden werden. Sicher wird er vorrangig zu behandeln sein, wenn der Eigentümer ansonsten die Nutzung der Immobilie aufgeben müsste, weil z.B. ein Fabrikgebäude zu klein geworden ist oder eine Lagerhalle nicht mehr den modernen logistischen Erfordernissen entspricht. Ein sich aus dem Gebrauchszweck ergebender Vorrang liegt nicht vor, wenn der Charakter des Gebäudes durch eine Änderung des Gebrauchszwecks entstellt wird, z. B. bei einem Umbau eines Fabrikgebäudes zu loftartigen Eigentumswohnungen (vgl. Goldmann, GRUR 2005, 643). Eine Grenze des Gebrauchszwecks wird auch dann anzuerkennen sein, wenn die Änderungen die ursprüngliche Form, etwa durch veränderte Proportionen erheblich verzerren (vgl. Prinz, S. 41). Sofern sich überschießende Interessen des Bauherrn nicht noch aus weiteren Interessen ergeben, wird hier die Grenze zwischen einer noch zulässigen Änderung und einer nicht mehr hinzunehmenden Entstellung zu setzen sein.

Ein solches weiteres Interesse kann sich aus dem Modernisierungsinteresse ergeben.

Fallbeispiel

Die veränderten Bedürfnisse und der veränderte Gebrauchszweck, nämlich die Änderung des Durchgangsbahnhofs in einen Tiefbahnhof aufgrund geänderter Verkehrsbedürfnisse und eines berechtigten Interesses zur Modernisierung des ca. 90 Jahre alten Bahnhofs gaben den Ausschlag zugunsten der Bahn beim Projekt Stuttgart 21. Das Modernisierungsinteresse bestehe im Hinblick auf geänderte Anforderungen der Verkehrsinfrastruktur und geänderter Verkehrsbedingungen, welches nach der vorliegenden Planung nur mit dem Abriss der Seitenflügel und der Treppe erreicht werden könne (OLG Stuttgart, GRUR-RR 2011, 59).

5.2.4 Art des Bauwerks

Als logisches weiteres Kriterium spielt auch die Art des Bauwerks eine Rolle. Bei einem reinen Zweckbau, wie z. B. einer Schule, wird ein Erweiterungsinteresse stärker gewichtet werden (vgl. BGH BGH GRUR 1974, 675-Schulerweiterung) als etwa bei einem von vornherein auf seine künstlerischen Aspekte ausgelegten Museumsbau.

5.2.5 Technische Notwendigkeit der Maßnahme

Weiteres Kriterium ist die technisch bedingte Notwendigkeit einer baulichen Maßnahme. So kann es gerechtfertigt sein, im Rahmen einer Sanierung ein undichtes Flachdach durch ein um 10 Grad flach geneigtes Zeltdach mit einer Attika aus Glas, um Feuchtigkeitsschäden auszugleichen, zu ersetzen (OLG

Frankfurt, GRUR 1986, 244). Genauso kann auch der Einbau eines Aufzugs notwendig sein, um die Barrierefreiheit eines öffentlichen Gebäudes zu gewährleis-
ten. Die technische Notwendigkeit kann sich auch aus bauordnungsrechtlichen
Vorgaben ergeben, z. B. bei dem notwendigen Einbau von Brandschutzfenstern.
Allerdings ist es in solchen Fällen dem Bauherrn zuzumuten, soweit dies machbar
ist, auf die bisherige Fassadengestaltung Rücksicht zu nehmen und die bisherige
Fensterteilung, z. B. dreiflügelig, beizubehalten (vgl. Schulze, NZBau 2007, 611
m. w. N.).

5.2.6 Energetische Sanierungen

Bei energetischen Sanierungsmaßnahmen tendieren Gerichte eher dazu, den
Eigentümerinteressen Vorrang zu gewähren.

Fallbeispiel
> Das OLG Düsseldorf (ZUM-RD 2016, 368) hatte Maßnahmen an einer Fas-
> sade, u. a. den Einbau neuer Fenster und anderer Aluminiumprofile, die wegen
> aufgetretener Undichtigkeiten und zur Verbesserung der Wärmedämmung
> erfolgten, zu beurteilen. Hier nahm das Gericht gar keine ausführliche Abwä-
> gung vor. Die Maßnahmen seien zur Erhaltung der vertraglich vorausgesetz-
> ten gewerblichen Nutzung zwingend notwendig. Zudem seien sie konform mit
> den gesetzlichen Vorgaben (u. a. Energieeinsparverordnung) ausgeführt wor-
> den, sodass die Urheberinteressen deutlich nachrangig zu behandeln seien.

Das gilt nicht bei besonders gravierenden Entstellungen, wie ein vom AG Berlin-
Tempelhof-Kreuzberg (GRUR-RS 2014, 16338) entschiedener Fall zu einer Miet-
wohnung verdeutlicht.

Fallbeispiel
> Der Enkel des Urhebers wehrte sich als Mieter gegen energetische Modernisie-
> rungsmaßnahmen, nämlich den Austausch sämtlicher Fenster, die Dämmung
> einer Fassade sowie den Einbau einer Abluftanlage. Für das Belüftungssystem
> war eine Unterkofferung der Abluftleitungen erforderlich. Wesentliche gestalte-
> rische Elemente waren nach Ansicht des Gerichts die Großzügigkeit der Räume,
> Lichtdurchlässigkeit und Proportionen von Räumen zu Türen und Fenstern.
> Diese Grundkonzeption werde grundsätzlich gestört, indem in mehreren Räumen
> der Wohnung, darunter unter anderem dem Flur sowie den zwei zentral gelege-
> nen, optisch durch Flügeltüren verbundenen Zimmern, ein Trockenbaukoffer mit

Abmaßen von 20 × 50 cm eingebaut werde. Erwähnenswert ist dabei, dass das Gericht klar hervorhebt, dass seine Entscheidung nur die konkret geplante Maßnahme betreffe und die Eigentümerin nicht daran gehindert sein, energetische Sanierungsmaßnahmen in anderer Form auszuführen.

5.2.7 Dringlichkeit einer Maßnahme

Genauso kann die Dringlichkeit einer Maßnahme, wie z. B. bei einem undichten Flachdach oder wirtschaftliche Interessen des Eigentümers entscheidend sein. Allerdings dürfen diese nie isoliert, sondern nur im Zusammenhang mit den sonstigen Änderungsgründen einfließen (Prinz, S. 42).

Die Dringlichkeit kann sich auch aus dem Interesse einer zügigen Fertigstellung und der damit einhergehenden Vermeidung weiterer Kosten ergeben. Zu diesem Schluss kam das KG Berlin (ZUM 1997, 208) beim Streit um einen gläsernen Fahrzugschacht in einem Schulbau.

Fallbeispiel
Der Eigentümer hatte statt des vom Architekten vorgesehen durchgängig gläsernen Aufzugsschachts im Erdgeschoss, einen teilweise ummauerten Schacht eingebaut. Obwohl dies als Entstellung des durch Licht- und Sichtdurchlässigkeit geprägten Gesamtkunstwerks gewertet wurde, gereichte dem Planer zum Nachteil, dass er die gläserne Ausführung in der Entwurfsfassung nicht zweifelsfrei zum Ausdruck gebracht hatte. Da bauaufsichtlich ein feuerfester Schacht gefordert wurde, dieser in gläserner Ausführung 60.000,00 € Mehrkosten verursacht hätte, sah das Gericht das Vorgehen des Bauherrn aus Dringlichkeits- und Kostengründen als gerechtfertigt.

5.2.8 Kosteninteressen

Etwaige Mehrkosten der entwurfsgebundenen Ausführung müssen einzelfallbezogen betrachtet werden.

Fallbeispiel
Beim Bau des Berliner Hauptbahnhofs machte die Bahn als Begründung, für das Einziehen einer Flachdecke statt der geplanten Gewölbedecke, das Überschreiten einer Kostenhöchstgrenze geltend. Das Gericht billigte dem Architekten einen Toleranzrahmen von 10 % zu. Da die Kosten für die Gewölbedecke

in der Teilkostenplanung des Innenausbaus nicht gesondert ausgewiesen waren, zog es als Bezugsgröße das Gesamtbudget für den Innenausbau heran. Die Mehrkosten bewegten sich innerhalb der 10 % Grenze, sodass die Kosteninteressen nicht für die Bahn streiten konnten (LG Berlin, GRUR 2007, 964).

5.2.9 Ästhetische Interessen

Beruht eine Maßnahme allein auf einer ästhetischen Entscheidung des Eigentümers oder Bauträgers und kann er keine weiteren der vorgenannten Interessen glaubhaft in die Waagschale werfen, wird das Urheberinteresse überwiegen.

Fallbeispiel
In diesem Sinne wurde der Austausch blauer Glaspaneele (welche die Himmelsfarbe reflektierten) durch weiße Alupaneelen an einer Fassade als nicht hinnehmbare Entstellung gewertet (OLG Düsseldorf ZUM-RD 2016, 368).

Ebenso wenig kann der Eigentümer bei rein ästhetischen Interessen damit gehört werden, dass die Änderung in Gestalt eines Kunstwerks erfolge. Dies entschied der BGH zur Umgestaltung eines Treppenhauses in einem Bankenbau durch Installation einer Plastik (BGH, NJW 1999, 790).

Fallbeispiel
Zum einen schütze das Änderungsverbot vor jeglichen Verfälschungen der Wesenszüge des Ursprungswerks, ohne Rücksicht auf die künstlerische Qualität der Änderung. Zum anderen verschmölzen die bisherige Treppenhausgestaltung und die neue Plastik derart miteinander, dass sie sich für den unbefangenen Betrachter als eine Einheit von Anfang an darstellten.

Da die Bank keinen hinreichenden Grund nennen konnte, überwog das Interesse des Urhebers sich und seinem Werk keine fremden Leistungen Dritter zurechnen zu müssen. Die Bank konnte sich hierbei nicht auf eine Klausel des Architektenvertrags berufen, wonach sie befugt ist, „bei späteren Um-, Erweiterungsbauten usw., diese [die Entwurfspläne] zu nutzen und Änderungen ohne Zustimmung und Mitwirkung des Auftragnehmers vorzunehmen". Die Änderungsklausel betreffe nur baufunktionale Änderungen und nicht die Einbringung eines Kunstwerks (BGH a. a. O.).

Genauso wenig muss ein Landschaftsarchitekt eine Entstellung durch das Aufstellen einer 9,5 × 27 × 11 m großen und 35 t schweren Stahlskulptur in einer
urheberrechtlich geschützten Gartenanlage eines Innenhofes hinnehmen, wenn der
Eigentümer allein ästhetische Gründe anführt (KG Berlin, NJW-RR 2001, 1201).

5.3   Abriss und Teilvernichtung

5.3.1   Vollständiger Abriss

Mit dem Abriss erfolgt die Vernichtung des Werks. Die Vernichtung wird jedoch
bei Bauwerken nicht als Entstellung gewertet, da der Urheber keinen Anspruch
auf Erhaltung des Bauwerks hat (LG Hamburg, GRUR 2005, 672-Astra-Hoch-
haus). Es ist das Interesse des Eigentümers an der Verwertung des Grundstücks zu
berücksichtigen, an welcher er aufgrund des darauf stehenden Gebäudes gehindert sein kann (vgl. Schulze, NZBau 2007, S. 617).

5.3.2   Teilabriss

Ein Teilabriss kann in zweierlei Varianten vorliegen und zu beurteilen sein.

Es kann eine Ensemblewirkung, die aufgrund der besonderen Anordnung oder
Lage der einzelnen Gebäude erst den Urheberrechtsschutz herbeiführte, durch
den Abriss eines Einzelgebäudes zerstört werden. Wenn die übrig gebliebene
Anlage eine Aussagekraft beibehält, die noch an das abgerissene Gebäude erinnert, also eine sichtbare „Wunde" hinterlässt, liegt eine unzulässige Entstellung
vor (vgl. Werner und Pastor, Rn. 2467).

Gleiches gilt, wenn ein Gebäudeteil abgerissen wird. Es kommt nicht darauf
an, ob der verbliebene Rest für sich genommen urheberrechtsfähig ist, sondern
darauf, ob der verbliebene Teil an das Ursprungswerk erinnert.

Fallbeispiel
Ein derartiges Erinnern wurde im Falle des geplanten Teilabrisses des Schiffs
und des Turms einer Kirche angenommen. Das verbleibende Pfarrhaus würde
disharmonisch und völlig unmotiviert auf dem Gelände stehen. Es sei nur in
Verbindung mit dem ursprünglichen Kirchenbau verständlich. Der Teilabriss
wurde in diesem Lichte als unzulässige Entstellung gewertet (OLG München,
ZUM 2001, 345).

5.4 Vertragliche Regelung von Änderungsrechten

Die vertraglich eingeräumte Änderungsbefugnis des Bauherrn ist als solche kein Nutzungsrecht, sondern Ausdruck eines gesetzlich ausdrücklich vorgesehenen Verzichts des Urhebers auf einen Teil seines Urheberpersönlichkeitsrechts. Eine gesonderte Vergütung für das Einräumen eines Änderungsrechts ist deswegen nicht zu zahlen. Hat der Architekt das Änderungsrecht vertraglich zugestanden, hat er auch kein Recht an einer beabsichtigten Änderungsmaßnahme mitzuwirken (Werner und Pastor, Rn. 2467). Dagegen kann ein Planer nicht vertraglich auf sein Recht verzichten, Entstellungen seines Werks zu untersagen. Dieses ist als Ausdruck seiner engen geistigen Beziehung zu dem Werk ein unverzichtbares Urheberpersönlichkeitsrecht. Er kann aber im Nachhinein auf die Geltendmachung seiner Ansprüche bei einer bereits erfolgten Entstellung verzichten.

Bei Verhandlungen über Änderungsrechte sollte darauf geachtet werden, diese so konkret wie möglich zu erfassen. Eine pauschale Vereinbarung, nach welcher der Eigentümer jedwede Änderung vornehmen darf, wird ihre Grenzen in jedem Fall bei Entstellungen finden, sodass hier dann ungeachtet der vertraglichen Regelung eine umfassende Interessensabwägung erfolgen muss.

Die Durchsetzung urheberrechtlicher Ansprüche 6

Die zentrale gesetzliche Regelung ist § 97 UrhG: *Wer das Urheberrecht oder ein anderes nach diesem Gesetz geschütztes Recht widerrechtlich verletzt, kann von dem Verletzten auf Beseitigung der Beeinträchtigung, bei Wiederholungsgefahr auf Unterlassung in Anspruch genommen werden. Der Anspruch auf Unterlassung besteht auch dann, wenn eine Zuwiderhandlung erstmalig droht.*

Eine Urheberechtsverletzung ist dann gegeben, wenn von den prägenden gestalterischen Elementen unberechtigt Gebrauch gemacht wird, wie beim unerlaubten Nachbau eines Entwurfs, eines Modells oder eines Gebäudes, oder diese unberechtigt geändert werden.

6.1 Unterlassung

Die Ansprüche auf Unterlassung und Beseitigung spielen auch bei Bauwerken eine zentrale Rolle. Dabei setzt der Unterlassungsanspruch voraus, dass eine Wiederholungsgefahr droht. Eine Wiederholungsgefahr wird bereits bei einer einmaligen rechtswidrigen Handlung vermutet (Dreier/Schulze, § 97, Rn. 41). Ein so genannter vorbeugender Unterlassungsanspruch kommt in Betracht, wenn die erstmalige Begehung einer Urheberrechtsverletzung ernsthaft und hinreichend konkretisiert droht (Dreier/Schulze, a. a. O.).

Ein „normaler" Unterlassungsanspruch wird dabei recht selten vorkommen. Beim unbefugten Nachbau eines Entwurfsplans ist es bei Gebäuden doch mehr als unwahrscheinlich, dass sich dieser wiederholen könnte. Dies wäre etwa bei Fertighäusern denkbar oder Reihenhäusern, die in gleicher Form wieder woanders errichtet werden. Bei derartiger „Massenware" wird der Entwurfsplanung kaum Urheberrechtsschutz (s. o. Abschn. 2.2.3) zugebilligt werden können. Ist eine geschützte Planung umgesetzt worden oder eine Änderung an einem bereits

© Springer Fachmedien Wiesbaden GmbH 2017
M. Boden, *Das Urheberrecht im Bauwesen*, essentials,
DOI 10.1007/978-3-658-16639-7_6

bestehenden, für sich einmaligen, Gebäude vorgenommen worden, ist die Wahrscheinlichkeit, dass ein erneuter Nachbau erfolgt oder die gleiche Änderung nochmals durchgeführt wird, allenfalls theoretischer Natur. In derartigen Fällen wird von der Rechtsprechung eine Wiederholungsgefahr verneint (vgl. OLG Düsseldorf, ZUM-RD 2016, 368; LG Braunschweig, IBRRS 2007, 0610).

Weit häufiger wird der Urheber einen vorbeugenden Unterlassungsanspruch geltend machen können, wenn er rechtzeitig von der geplanten Bau-bzw. Umbaumaßnahme erfährt und sie auf diesem Wege stoppen kann.

In der Praxis wird der Unterlassungsanspruch außergerichtlich im Wege einer Abmahnung verfolgt. Mit dieser soll dem Verletzer sein rechtswidriges Handeln aufgezeigt werden und ihm Gelegenheit gegeben werden, einen Streit durch Abgabe einer mit einer angemessenen Vertragsstrafe bewehrten Unterlassungsverpflichtung beizulegen (§ 97a UrhG). Wichtig ist dabei, dass die Rechtsverletzung genau bezeichnet wird.

Der Abgemahnte hat dann die Gelegenheit, die Angelegenheit durch eine Unterlassungserklärung auszuräumen. Diese muss mit der Erklärung versehen sein, die beanstandete Handlung nicht mehr zu begehen und das Versprechen beinhalten, für den Fall eines erneuten Verstoßes eine angemessene Vertragsstrafe zu zahlen. Die angemessene Höhe bestimmt sich auch nach der Gefährlichkeit einer erneuten Zuwiderhandlung und dem Verschulden des Verletzers (Dreier/Schulze, § 97, Rn. 42). Es hat sich inzwischen eingebürgert – und es wird von den Gerichten akzeptiert – eine Vertragsstrafe nach dem sogenannten Hamburger Brauch zu formulieren. Danach verpflichtet sich der Unterlassungsschuldner für den Wiederholungsfall zur Zahlung einer angemessenen Vertragsstrafe, die ins Ermessen des Gläubigers gestellt wird und im Falle des Streits über ihre Angemessenheit durch das zuständige Gericht zu überprüfen ist. Keinesfalls reicht es aus, wenn ein Bauherr lediglich erklärt, von der geplanten Baumaßnahme Abstand zu nehmen (Dreier/Schulze, a. a. O.), mag er dies auch „hoch und heilig" zusichern.

Lässt sich die Angelegenheit außergerichtlich nicht beilegen, sei es, weil der Bauträger oder der Eigentümer den Anspruch an sich anzweifelt, er keine ausreichende Unterlassungserklärung abgibt oder vielleicht gar nicht reagiert, kann der Planer seinen Unterlassungsanspruch gerichtlich geltend machen.

Für diesen Fall steht ihm hier der Antrag auf Erlass einer einstweiligen Verfügung zur Seite, wenn er schnell genug agiert. Denn dabei handelt es sich, wie der Begriff „einstweilen" schon verdeutlicht, nicht um eine endgültige Entscheidung, sondern um einen vorläufigen Rechtsschutz. Dieser wird von den Gerichten nur gewährt, wenn neben dem Verfügungsanspruch, also dem eigentlichen urheberrechtlichen Anspruch wegen unzulässigen Nachbaus oder einer drohenden Entstellung, ein Verfügungsgrund gegeben ist. Für diesen muss der Planer darlegen, dass er das Verbot sofort braucht, weil ihm ansonsten schwerwiegende Nachteile drohen, er insbesondere ein „normales" Unterlassungsklageverfahren nicht abwarten kann. Das ist immer der Fall, wenn zu befürchten steht, dass nachteilige Fakten geschaffen werden. Juristen sprechen hier von der Dringlichkeit oder auch der Eilbedürftigkeit, die dem Gericht darzulegen ist.

Fallbeispiel

Als Beispiel kann hier das Aufstellen einer Skulptur in einer urheberrechtlich geschützten Gartenanlage genannt werden. In dem vom KG Berlin entschiedenen Fall wurde gleichwohl die Eilbedürftigkeit verneint. Der Architektin wurde zum Verhängnis, dass sie trotz Kenntnis der geplanten Maßnahme zu lange mit ihrem gerichtlichen Antrag gewartet hatte. Ihr half auch nicht der Verweis auf ihre Versuche, die Angelegenheit zunächst außergerichtlich und einvernehmlich zu lösen (KG Berlin, ZUM 2001, 590).

Entscheidender Moment ist der, in dem der Urheber Kenntnis von allen seinen Anspruch begründenden Tatsachen erhalten hat. Das ist dann, wenn er konkret weiß, gegen wen er wegen welcher konkreten Maßnahme Ansprüche geltend machen kann. Wie schnell er dann gerichtlich tätig werden muss, hängt von dem jeweiligen örtlichen Gericht ab. Während erfahrungsgemäß das Landgericht Berlin 2 Monate Spielraum gewährt, das Landgericht Düsseldorf bis zu 8 Wochen und das Landgericht Hamburg wenigstens noch 6 Wochen, sehen die Gerichte in Köln oder München bereits nach Ablauf eines Monats die Angelegenheit nicht mehr als eilbedürftig an. Hier müssten schon sehr außergewöhnliche Umstände vorgetragen werden können, um die Richter doch noch von der Eilbedürftigkeit zu überzeugen. Kurzum: Mit zu viel Nettigkeit und Kompromissbereitschaft zerstört sich der Planer mitunter die Möglichkeit eines schnellen und effektiven rechtlichen Vorgehens. Ist, wie in dem o. a. Fall, die Skulptur erst einmal aufgestellt, wird wiederum die Wiederholungsgefahr fehlen, sodass auch eine Unterlassungsklage keine Aussicht auf Erfolg bieten wird. Es bleibt dann die Möglichkeit, einen Anspruch auf Beseitigung durchzusetzen.

6.2 Beseitigung und Rückbau

Der Anspruch auf Beseitigung kann grundsätzlich nicht im Wege des einstweiligen Rechtsschutzes durchgesetzt werden (Spindler/Schuster, § 1004, Rn. 76). Dies ist auch schwer vorstellbar. Anders als bei der Unterlassung, bei der eine Maßnahme einstweilen untersagt wird, würde ein vorläufiger Beseitigungsanspruch den

Eigentümer mitunter zum Rückbau zwingen. Ergibt sich dann im Hauptsachver-
fahren, dass seine Interessen doch überwiegen, sähe sich der Urheber wiederum
einem Schadensersatzanspruch ausgesetzt, der sich aus den Kosten des Rückbaus
wie auch der Neuerrichtung zusammensetzen würde. Es ergäben sich unwägbare
Risiken. Zudem unterliegt die geforderte Beseitigung einem Verhältnismäßigkeits-
gebot. Sie muss zumutbar, notwendig und geeignet sein (Dreier/Schulze, § 97,
Rn. 47). Bei einer bereits durchgeführten Maßnahme ist insbesondere das Erhaltungsinteresse des Eigentümers mit einzubeziehen, was bei Änderungen und Entstellungen in die allgemeine Abwägung mit aufzunehmen ist. Hier kann sich dann
die Situation ergeben, dass eine Maßnahme bei rechtzeitigem Bekanntwerden im
Wege einer Unterlassung vielleicht hätte unterbunden werden können, die Beseitigung sich jedoch aufgrund der Kosten für Teilabriss, Neubau und damit einhergehenden Nutzungsausfall für den Bauherrn als unzumutbar darstellt (vgl. Wandtke/
Bullinger, § 97, Rn. 36). Insofern ist ein Faktenschaffen oftmals eine erfolgsver-
sprechende Taktik für den Eigentümer. Zum diesbezüglich geforderten Fair Play
bei Umbaumaßnahmen, vgl. Abschn. 5.2.

6.3   Vernichtungsanspruch

§ 98 I UrhG gibt dem Urheber einen Anspruch auf Vernichtung gegen den Eigentümer zur Hand. Nach Absatz 5 dieser Vorschrift sind Bauwerke jedoch ausdrücklich davon ausgenommen. Es soll dadurch verhindert werden, dass bereits errichtete
Bauwerke allein aufgrund einer Urheberechtsverletzung vernichtet werden dürfen
(Dreier/Schulze, § 98, Rn. 28). Es sind allerdings nur Bauwerke an sich ausgenommen. Kunst am Bau wie Reliefs oder Gemälde an einer Fassade kann ebenso
wie Skizzen, Pläne und Modelle einer Vernichtung unterliegen (Dreier/Schulze,
a. a. O.).

Dem Urheber verbleibt jedoch bei unzulässigen Änderungen und Entstellungen der Beseitigungsanspruch, der wiederum durch die gebotene Abwägung die
Interessen der Beteiligten ausgewogen berücksichtigt.

6.4   Schadensersatzansprüche

Im Urheberrecht kann der Urheber wählen, nach welcher Methode er den Schadensersatz gelten machen will. Ihm stehen der eigene entgangene Gewinn, die
Herausgabe des vom Verletzer erzielten Gewinns oder die Berechnung im Wege
der sogenannten Lizenzanalogie zur Auswahl.

§ 97 II S. UrhG ist zu Letzterem zu entnehmen: *„Der Schadensersatzanspruch kann auch auf der Grundlage des Betrages berechnet werden, den der Verletzer als angemessene Vergütung hätte entrichten müssen, wenn er die Erlaubnis zur Nutzung des verletzten Rechts eingeholt hätte"* Der Schaden wird demnach auf Basis eines fiktiven Lizenzvertrags ermittelt. Als angemessen gilt die Lizenzgebühr, die bei vertraglicher Einräumung ein vernünftiger Lizenzgeber gefordert und ein vernünftiger Lizenznehmer gewährt hätte, wenn beide im Zeitpunkt der Entscheidung die gegebene Sachlage gekannt hätten (Wandtke/Bullinger, § 97, Rn. 74). Bei Architekten bietet dabei die HOAI eine Richtschnur. Allerdings dürfen die Honorarsätze der HOAI nicht unmittelbar übernommen werden, da in ihr keine gesonderten Honorarteile für die Einräumung oder gar Übertragung eines Nutzungsrechtes ausgewiesen sind (OLG Nürnberg-Fürth, NJW-RR 1998, 47-Fertighaus m. w. N.). Entsprechend kann auch aus der Vergütung für die Entwurfsplanung keine Übertragung der Nutzungsrechte gefolgert werden (s. Abschn. 4.3). Ein Architekt wird mit der Ausführung seines Entwurfs regelmäßig nur dann einverstanden sein, wenn er vertraglich die weiteren Ausführungsleistungen übertragen bekommt. Das dafür gezahlte Honorar beinhaltet neben den technischen und wirtschaftlichen Leistungen dann auch eine Vergütung für die Nutzungsrechte, die für die Ausführung des Baus notwendig sind. Als Grundlage für die Berechnung ist daher grundsätzlich die volle Architektengebühr nach § 34 HOAI anzusetzen (BGH GUR 1973, 666-Wählamt).

Wird nun ein Entwurf ohne Mitwirkung des Urhebers realisiert, ist zu berücksichtigen, dass sich dieser auch Aufwendungen, die ihm ansonsten bei Begleitung des Baus entstanden wären, erspart hat. Wurde dieser Abzug früher mit pauschal 40 % vorgenommen (BGH GUR 1973, 666-Wählamt), wird heute primär darauf abgestellt, was der Architekt konkret dazu vorträgt. Sofern hierzu keine konkreten Darlegungen erfolgen oder einfach nicht möglich sind, steht es dem Gericht grundsätzlich frei den Abzug nach freier Überzeugung zu schätzen. Es ist dann auch nicht zu beanstanden, wenn es diesen Abzug mit 40 % bemisst (Werner/Pastor, Rn. 2473, vgl. LG Köln, NJOZ 2008, 1669).

Fallbeispiel

Ist aufgrund des Gebäudetyps, z. B. eines mehrfach bereits errichteten Fertighauses, anzunehmen, dass die sonst sehr Zeit intensiven Leistungsphasen der Vergabe und Objektüberwachung entfallen, bleiben diese bei der Errechnung der Lizenzgebühr außen vor (OLG Nürnberg-Fürth, NJW-RR 1998, 47-Fertighaus m. w. N.). Als Maßstab können aber auch nur die Leistungsphasen 1–3 als die urheberrechtlich relevanten Gestaltungsphasen in Betracht kommen, wenn ein Entwurf im Rahmen der Vorgespräche übergeben wurde und gerade noch kein Architektenvertrag zustande gekommen ist (OLG Celle, ZUM-RD 2011, 339).

Als anzusetzende anrechenbare Kosten ist auf die Nettobausumme abzustellen (OLG Celle, ZUM-RD 2011, 339; Werner/Pastor, Rn. 2473). Wird mit der Bauausführung unter Leitung des Urhebers begonnen und der Bau anschließend mit einem anderen Planer fortgesetzt, ist aus den Gesamtkosten der Teil der bereits unter der Regie des Entwerfers ausgeführten Arbeiten herauszurechnen (BGH GUR 1973, 666-Wählamt). Während der BGH in der zitierten Wählamts-Entscheidung noch auf die Gesamtkosten abstellte, unabhängig davon, dass nur ein Teil, nämlich die Fassade Urheberrechtsschutz genießt, hat das OLG Jena darauf abgestellt, dass bei unrechtmäßiger Nutzung eines Werkteils der Lizenzanteil zu zahlen ist, der dem Umfang des Werkteils im Verhältnis zum Gesamtumfang entspricht (OLG Jena, OLG-NL 1999, 76). Es setzte daher nur die anteiligen, auf die Fassade entfallenden Kosten an. Es stellte dabei auch nur auf die Leistungsphasen 3–5 ab und nahm hiervon einen 40 %igen Abzug für ersparte Aufwendungen vor.

6.5   Schmerzensgeld

Bei Eingriffen in das Urheberpersönlichkeitsrecht kommt ein so genannter immaterieller Schadensersatzanspruch in Betracht. Dies entspricht einem Schmerzensgeld, das dem Urheber auch unter dem Gesichtspunkt eines Imageschadens zu zahlen ist. Das LG München sprach einem Architekten beispielsweise 15.000,00 € Schmerzensgeld bei einer Entstellung eines Schulgebäudes aus. Gerade Schulbauten stellten langjährige Referenzobjekte von Architekten dar, insbesondere wenn sie Gegenstand der Berichterstattung in Fachzeitschriften sind (LG München, IBR 2005, 610).

Ebenso kann ein Schmerzensgeld bei einer nicht genehmigten Veröffentlichung von Plänen angedacht werden. Es muss sich aber um einen Eingriff von beträchtlicher Intensität handeln. Bei der Präsentation von Entwürfen an potenzielle Kaufinteressenten wurde dies verneint (vgl. OLG Frankfurt a. M., BeckRS 2014, 06803).

Ein Schmerzensgeldanspruch steht allerdings nur dem Urheber selbst zu, nicht seinen Erben (OLG Düsseldorf, NJW-Spezial 2013, 205).

Urheberrechte im Wettbewerb 7

7.1 Planungswettbewerbe

Architekten und Stadtplaner dürfen sich berufsrechtlich nur an Wettbewerben beteiligen, wenn gemäß geltender bundes- oder landesrechtlichen Vorschriften ein lauterer Leistungsvergleich sichergestellt ist und in ausgewogener Weise den Belangen von Auslobern sowie Teilnehmern Rechnung getragen wird (z. B. § 22 Nr. 7 Baukammergesetz NRW). Dies ist stets gewährleistet, wenn die Richtlinien für Planungswettbewerbe (RPW 2013) angewendet werden (Binder und Messer, Rn. 418). Auslober können sowohl öffentliche als auch private Auftraggeber sein (§ 2 (1)).

Durch die Teilnahme an einem Wettbewerb werden noch keine Nutzungsrechte eingeräumt. Es ist zu diesem Zeitpunkt noch nicht klar, welcher Entwurf prämiert wird und ob das Projekt überhaupt umgesetzt wird (Schulze in Loewenheim, § 71, Rn. 26). Teilnahmebedingungen, insbesondere auch von, dem eigentlichen Wettbewerb vorgelagerten, sogenannten Ideen-Workshops, mit denen sich der Auftraggeber umfangreiche Nutzungsrechte einräumt, sind in der Regel unwirksam (vgl. Werner, dabonline.de, 01.03.2008). Dies gilt zumindest immer dann, wenn keine angemessene Vergütung für die Rechteeinräumung vorgesehen ist (Schulze in Loewenheim, a. a. O.).

Bis auf wenige Ausnahmen werden die meisten Planungswettbewerbe durch die öffentliche Hand im Rahmen eines Vergabeverfahrens durchgeführt.

© Springer Fachmedien Wiesbaden GmbH 2017
M. Boden, *Das Urheberrecht im Bauwesen,* essentials,
DOI 10.1007/978-3-658-16639-7_7

7.2 Wettbewerb im Vergabeverfahren

Bis zum 18.04.2016 galt die Vergabeordnung für Freiberufliche Leistungen (VOF), die insbesondere auf die Auftragsvergabe von Architekten und Ingenieuren abstellte. Sie ist mit der Reform des Vergaberechts ersatzlos weggefallen und komplett in der jetzt geltenden Vergabeverordnung (VgV) aufgegangen. In den §§ 73–80 finden sich nun besondere Vorschriften für die Vergabe von Architekten- und Ingenieurleistungen. In Unterabschnitt 2, §§ 78 bis 80, finden sich die Bestimmungen zu Planungswettbewerben für Architekten und Ingenieuren. Die VgV muss von öffentlichen Auftraggebern (Gebietskörperschaften, juristische Personen des öffentlichen oder privaten Rechts, die im Allgemeininteresse liegende Aufgaben erfüllen, vgl. §§ 98, 99 GWB) bei Überschreiten des EU-Schwellenwertes angewendet werden. Am 01.01.2016 galt für die Vergabe von Dienstleistungsverträgen, also auch Architekten- und Ingenieursverträge, ein Schwellenwert von 209.000,00 € (Quelle: bmwi.de). Dieser ist nach dem Auftragswert zu bemessen (§ 106 GWB), welcher aus der Summe der Preisgelder und Zahlungen an die Teilnehmer einschließlich des Werts des zu vergebenden Dienstleistungsauftrags (soweit dessen Vergabe in der Wettbewerbsbekanntmachung nicht ausgeschlossen wird) gebildet wird (§ 3 Nr. 12 VgV), Das bedeutet, über diesem Schwellenwert liegende Vorhaben sind EU-weit auszuschreiben. Aufträge können nach den in § 14 VgV im Einzelnen genannten Gründen im Verhandlungsverfahren mit vorheriger öffentlicher Aufforderung zur Teilnahme (Teilnahmewettbewerb) oder auch ohne Teilnahmewettbewerb vergeben werden. Architekten- und Ingenieurleistungen werden in der Regel im Verhandlungsverfahren mit Teilnahmewettbewerb nach § 17 oder, seltener, im wettbewerblichen Dialog nach § 18 VgV vergeben (§ 73 VgV).

7.2.1 Der wettbewerbliche Dialog

Beim wettbewerblichen Dialog eröffnet der öffentliche Auftraggeber mit den ausgewählten Unternehmen einen Dialog, in dem er ermittelt und festlegt, wie seine Bedürfnisse und Anforderungen am besten erfüllt werden können (§ 18 (5) VgV). Soweit dies ermittelt wurde, können die Dialogteilnehmer ihre konkreten Angebote abgeben. Hier stellt sich natürlich die Frage, ob und wie etwaige Entwurfszeichnungen oder Planungsunterlagen, die im Laufe des Dialogs erstellt werden, geschützt sind. Zum einen kann der Auftraggeber Prämien oder Zahlungen im Dialog vorsehen (§ 18 (10)). Konkretisiert wird dies in § 77 VgV, wonach für die gestellte Planungsaufgabe in Form von Entwürfen, Plänen, Zeichnungen, Berechnungen oder anderen Unterlagen, einheitlich für alle Bewerber eine angemessene

Vergütung festzusetzen ist, wenn der öffentliche Auftraggeber außerhalb von Planungswettbewerben darüber hinaus die Ausarbeitung von Lösungsvorschlägen verlangt. Da sich aus der Teilnahme am Vergabeverfahren kein Abschluss eines Architekten- oder Ingenieursvertrags ergibt, finden die Sätze der HOAI keine unmittelbare Anwendung. Eine vom Auftraggeber für alle teilnehmenden Bieter festgelegte Bearbeitungsgebühr kann der teilnehmende Planer im sogenannten Nachprüfungsverfahren nach §§ 102 ff. Gesetz gegen Wettbewerbsbeschränkungen (GWB) angreifen und überprüfen lassen. Nimmt er jedoch zunächst teil und arbeitet Lösungsvorschläge aus, kann er im Nachhinein keine Vergütung nach der HOAI für seinen Beitrag einfordern, sondern ist an die, womöglich die HOAI deutlich unterschreitende, Bearbeitungsgebühr gebunden (BGH, X ZR 77/14 – Westtangente Rüsselsheim, insb. Rn. 22, 23).

Soweit sich mehrere Architekten und Ingenieure gemeinsam an einem wettbewerblichen Dialog beteiligen, werden sie zwangsläufig gemeinschaftlich an den aufgeworfenen Fragestellungen arbeiten, sodass sie Miturheber eines gemeinsam erarbeiteten Lösungsvorschlages werden. Solange sie dafür dann bei Umsetzung jeweils eine angemessene Vergütung erhalten, ist an einer umfänglichen Nutzungsrechteübertragung an den Auftraggeber im Rahmen der Wettbewerbsbedingungen nichts auszusetzen. Es wäre auch dem Auftraggeber schlichtweg nicht zumutbar, sähe er sich partikularen urheberrechtlichen Interessen im Rahmen der weiteren Auftragsvergabe ausgesetzt.

7.2.2 Planungswettbewerb und Vergabeverfahren

Nach § 78 VgV sind Planungswettbewerbe mit oder ohne Vergabeverfahren auf der Grundlage veröffentlichter einheitlicher Richtlinien durchzuführen. Hier wird regelmäßig die Richtlinie für Planungswettbewerbe Fassung vom 31.1.2013 (RPW 2013) zur Anwendung kommen. Diese wurden per Erlass vom 28.02.2013 vom Bundesbauministerium eingeführt, mit der Empfehlung an die Länder die RWP 2013 ebenfalls einzuführen. Die Bundesländer haben diese Empfehlung wiederum an „ihre" Kommunen weitergegeben (Hartmann in Kulartz et al, Kommentar zur VgV, § 78, Rn. 25). Es werden Planern in der Praxis also kaum andere Richtlinien bei Planungswettbewerben begegnen.

Ein Planungswettbewerb ohne Vergabeverfahren ist der sogenannte Ideenwettbewerb. Hier ist eine Umsetzung des Projekts und damit eine Auftragsvergabe im Vergabeverfahren von vornherein nicht vorgesehen. Der Planungswettbewerb ist mit der Prämierung der besten Entwürfe zur Lösung einer bestimmten Planungsaufgabe abgeschlossen (Hartmann in Kulartz et al, Kommentar zur VgV, § 78, Rn. 38 und 69).

Die in der Praxis weitaus häufigere Variante ist der Realisierungswettbewerb vor einem Vergabeverfahren. Bei diesem ist die spätere Umsetzung der Planungsaufgabe beabsichtigt. Er ist ein Teilnahmewettbewerb eigner Art und dient der Auswahl der Architekten oder Ingenieure, mit denen im zweiten Schritt über die Vergabe eines konkreten Dienstleistungsvertrags verhandelt werden soll. Es handelt sich um zwei eigenständige Verfahren. Der Wettbewerbssieger kann also nicht per se mit der Vertragsvergabe an sich rechnen (Hartmann in Kulartz et al, Kommentar zur VgV, § 78, Rn. 71 ff.).

§ 8(3) der RPW 2013 bestimmt die urheberrechtlichen Folgen der Wettbewerbsteilnahme:

Wettbewerbsarbeiten dürfen vom Auslober veröffentlicht werden. Sie dürfen für den vorgesehenen Zweck genutzt werden, wenn der Verfasser mit der weiteren Bearbeitung beauftragt ist. Ansonsten verbleiben alle Rechte nach dem Urheberrechtsgesetz bei den Verfassern. Die mit Preisen ausgezeichneten Arbeiten und Anerkennungen werden Eigentum des Auslobers. Urheberrechtlich und wettbewerbsrechtlich geschützte Teillösungen von Wettbewerbsteilnehmern, die bei der Auftragserteilung nicht berücksichtigt worden sind, dürfen nur gegen eine angemessene Vergütung genutzt werden.

Daraus folgt: Sämtliche Wettbewerbsarbeiten, gleich ob Ihre Urheber den Zuschlag erhalten oder nicht, dürfen vom Auftraggeber ausgestellt werden. Dies folgt aus der Erlaubnis zur Veröffentlichung (Hartmann in Kulartz et al, Kommentar zur VgV, § 80, Rn. 59). Eine Veröffentlichung seines Beitrags kann ein Teilnehmer jedoch durch eine Geheimhaltungsvereinbarung im Vorfeld unterbinden (Schulze in Loewenheim, a. a. O.). Dies macht Sinn, wenn er bei nicht erfolgreichem Ausgang, seinen Entwurf noch anderweitig verwerten möchte.

Die mit Preisen ausgezeichneten Arbeiten werden Eigentum des Auftraggebers, er darf sie für den vorgesehenen Zweck verwenden. Das ist Ausdruck der Zweckübertragungsregel, s. Abschn. 4.1. Eine zusätzliche Bestimmung in den Teilnahmebedingungen, wonach sich der Auftraggeber Rechte an eingereichten, aber nicht prämierten, Werken übertragen lässt, wären grundsätzlich nichtig (Hartmann in Kulartz et al, Kommentar zur VgV, § 80, Rn. 60).

Da Änderungsrechte keine Erwähnung finden, gilt grundsätzlich das Änderungsverbot mit seinen durch die Eigentümerinteressen gebotenen Einschränkungen (s. Abschn. 5.2). Bei früheren Wettbewerbsprojekten war dies noch anders geregelt. Nach den vormals geltenden Grundsätzen und Richtlinien für Wettbewerbe auf den Gebieten der Raumplanung, des Städtebaues und des Bauwesens (GRW 1995, dort Ziffer 7.3.1.), waren der Wettbewerbsteilnehmer und seine Rechtsnachfolger verpflichtet, Abweichungen von der Wettbewerbsarbeit zu gestatten. Dies galt auch für das ausgeführte Werk. Vor einer wesentlichen

Änderung des ausgeführten Werkes war der Wettbewerbsteilnehmer, soweit zumutbar, zu hören. Diese Altregelungen sind bei Änderungsmaßnahmen bestehender Gebäude, die aus einem Planungswettbewerb hervorgegangen sind, gegebenenfalls noch zu berücksichtigen.

7.2.3 Entfallen des Teilnahmewettbewerbs

Ein Auftrag kann ohne Teilnahmewettbewerb vergeben werden, wenn der Auftrag wegen des Schutzes von Ausschließlichkeitsrechten (z. B. Patent-/Urheberrecht) nur von einer bestimmten Person ausgeführt werden kann (§ 14 (4) 2c VgV).

Dies kommt dann in Betracht, wenn an urheberrechtlich geschützten Planungsleistungen weder ein Nutzungs- oder Änderungsrecht eingeräumt wurde und somit nur der Entwerfer als einziger Bieter in Betracht kommt. Allerdings wird bereits in der Mitwirkung an der anschließenden Vergabeverhandlung ein Verzicht auf die Geltendmachung der Urheberrechte gesehen, da der Planer damit rechnen müsse, nicht an die erste Stelle gesetzt zu werden. Zudem wäre auch bei notwendigen Änderungsmaßnahmen das meist überwiegende Eigentümerinteresse zu berücksichtigen, weswegen sich der Urheber nicht auf sein Änderungsverbot berufen könne (vgl. Binder und Messer, Rn. 425). Soweit allerdings das Erhaltungsinteresse des Entwerfers überwiegt und er nicht anderweitig andere Rechte eingeräumt hat, kann der Auftraggeber gehalten sein, allein ihn, ohne jeglichen Teilnahmewettbewerb, zu beauftragen. Das kommt wiederum nicht in Betracht, wenn etwaige Umbaumaßnahmen die gestalterischen Teile des Bauwerks unberührt lassen und diese nicht beeinträchtig werden (vgl. Binder und Messer, Rn. 426, noch zur VOF).

Was Sie aus diesem *essential* mitnehmen können

- Urheberrechte entstehen durch eine individuelle geistige Leistung und nicht kraft vertraglicher Vereinbarung. Sie schützen die konkrete Gestaltung und keine bloßen Ideen und Gedanken.
- Kreativleistungen, z. B. erste Entwürfe, die in der Akquisephase eines Bauprojekts erbracht werden, können bei einer unerlaubten Verwendung trotz nicht erfolgtem Vertragsschluss Vergütungsansprüche des Planers begründen.
- Bei Verträgen gilt: Weniger ist mehr. Aufgrund der Zweckübertragungsregel bleiben im Zweifel die Verwertungsrechte beim Urheber. Dies gilt auch für Änderungsrechte, die nicht klar definiert werden.
- Wird man einer Rechtsverletzung gewahr, sollten die rechtlichen Möglichkeiten umgehend geprüft werden. Längeres Zuwarten kann zur Schaffung ungewollter Fakten führen und Ansprüche schmälern oder gar zunichtemachen.

© Springer Fachmedien Wiesbaden GmbH 2017   51
M. Boden, *Das Urheberrecht im Bauwesen*, essentials,
DOI 10.1007/978-3-658-16639-7

Literatur

Binder, A./Messer, H. (2014). *Urheberrecht für Architekten und Ingenieure* (2. Aufl.). München: Beck.

Dreier, T./Schulze, G. (2015). *Urheberrechtsgesetz* (5. Aufl.). München: Beck.

Fromm, F./Nordemann, A. (2014). *Urheberrecht* (11. Aufl.). Stuttgart: Kohlhammer.

Ginsburg, J. C. (1991). Urheberpersönlichkeitsrechte im Rechtssystem des Common Law. *GRUR Int, 1991,* 593.

Goldmann, B. (2005). Das Urheberrecht an Bauwerken – Urheberpersönlichkeitsrechte des Architekten im Konflikt mit Umbauvorhaben. *GRUR, 2005*(8), 639.

Harte-Bavendamm, H. (2013). *UWG* (3. Aufl.). München: Beck.

Honscheck, S. (2007). Der Schutz des Urhebers vor Änderungen und Entstellungen durch den Eigentümer. *GRUR, 2007,* 944.

Köhler, H./Bornkamm, J. (2016). *UWG* (34. Aufl.). München: Beck.

Korbion, H., Mantscheff, J., & Vygen, K. (2016). *HOAI* (9. Aufl.). München: Beck.

Krieger, U. (1983). Neuheit und schöpferische Leistung bei angewandter Kunst unter Berücksichtigung der Rechtsprechung zum Geschmacksmustergesetz. *GRUR Int, 1983,* 433.

Kulartz, H.-P., Kus, A., Marx, F., Portz, N., & Prieß, H.-J. (2016). *Kommentar zur VgV* (1. Aufl.). Köln: Werner.

Loewenheim, U. (2010). *Handbuch des Urheberrechts* (2. Aufl.). München: Beck.

Ohly, A./Sosnitza, O. (2016). *Gesetz gegen den unlauteren Wettbewerb* (7. Aufl.). München: Beck.

Pauly, H. (2011). Urheberrechtliche Schutzvoraussetzungen von Bauwerken. *NZBau, 2011,* 645.

Prinz, T. (2001). *Urheberrecht für Ingenieure und Architekten, Arbeitshilfe zur Geltendmachung urheberrechtlicher Ansprüche einschließlich ausführlicher Rechtsprechungsübersicht.* Köln: Werner.

Schulze, G. (2007). Urheberrecht der Architekten. *NZBau, 2007,* 537.

Schwab, B. (1999). Das Namensnennungsrecht des angestellten Werkschöpfers. *NZA, 1999,* 1254.

Wandtke, A.-A./Bullinger, W. (2014). *Praxiskommentar zum Urheberrecht* (4. Aufl.). München: Beck.

Werner, U./Pastor, W. (2015). *Der Bauprozess* (15. Aufl.). Köln: Werner.

© Springer Fachmedien Wiesbaden GmbH 2017   53
M. Boden, *Das Urheberrecht im Bauwesen,* essentials,
DOI 10.1007/978-3-658-16639-7

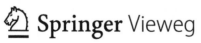

Printed in the United States
By Bookmasters